살아 있는 **역사**
재미 있는 **답사**

살아있는 역사 재미있는 답사 3권

2014. 4. 25. 1판 1쇄 인쇄
2014. 4. 30. 1판 1쇄 발행

지은이 | 모난돌역사논술모임
펴낸이 | 이종춘
펴낸곳 | BM 성안당
주소 | 121-838 서울시 마포구 양화로 127 첨단빌딩 5층(출판기획 R&D 센터)
     | 413-120 경기도 파주시 문발로 112 (제작 및 물류)
전화 | 02)3142-0036
    | 031)955-0511
팩스 | 031)955-0510
등록 | 1973.2.1 제13-12호
출판사 홈페이지 | www.cyber.co.kr
ISBN | 978-89-315-7688-7 (64900)
     | 978-89-315-7685-6 (세트)

정가 | 15,000원

이 책을 만든 사람들

기획 | 최옥현
진행 · 교정 · 교열 | 박재언
사진 | 김하늘
본문 · 표지디자인 | 想 company
일러스트 | 최리
홍보 | 전지혜
마케팅 | 구본철, 차정욱, 채재석, 강호묵
제작 | 김유석

역사를 따라가는 문화유산 답사

3권
조선 후기부터
현대까지

살아있는 역사
재미있는 답사

모난돌역사논술모임 지음

BM 성안당

민중들의 발자국이 새겨진
근현대 역사를 찾아서

유적과 유물은 한 시대를 살았던 사람들이 남긴 흔적이다. 선사시대에 만든 거대한 고인돌에서 우리는 권력이라는 절대적 힘을 볼 수 있고, 삼국시대에 만든 섬세하고 아름다운 불상, 탑, 향로는 그 시대를 지나온 사상에 담긴 깊은 힘을 보여준다.

오묘한 빛을 자랑하는 고려시대 상감청자를 통해서는 숱한 외침에도 찬란한 문화를 꽃피운 저력을 엿볼 수 있다.

조선은 어떠한가. 주자성리학에서 비롯된 사상은 물처럼 흘러서 실학으로 정점을 찍었으며, 정치, 경제, 사회, 문화 전반에 걸쳐 방대한 서적이 남아 있으니, 가히 '기록 왕국'이라고 부를 만하다.

하지만 우리가 여기서 결코 간과해서는 안 될 한 가지가 있으니, 얼핏 지배자가 남긴 그것으로만 치부되어선 안 되는, 그 모든 유물, 유적에 서려 있는 민중들 삶이다.

역사책에 이름 한 줄 얹을 수 없었던 수많은 사람들 삶이 고스란히 녹아 있는 것이 바로 우리가 역사 현장 속에서 볼 수 있는 유물, 유적이다. 신분이 모든 것을 결정하는 시대를 살아왔기에 철저히 외면당했던 거친 민중들 손길이 숱한 유물과 유적들을 통해 지금도 우리들 오감을 만족시켜 주는 것이다.

자, 기나긴 신분시대를 지나 이제까지 결코 볼 수 없었던 전혀 새로운 시대가 다가온다. 정치로는 민주주의를, 경제로는 자본주의를, 사회로는 평등주의를, 사상으로는 합리주의를 지향하는 '근대'와 '현대'가 바로 그것이다.

〈살아있는 역사 재미있는 답사〉 3권은 조선을 침범한 서양 세력과 벌인 전쟁을 시작으로 불평등한 강화도조약을 맺은 뒤에 이를 극복하기 위한 근대화 노력을 비춘다.

동학농민운동 격전지를 바라보며 꿈틀대는 민중들 기운을 느끼고, 근대화를 위한 여러 시도에도 끝내 나라를 잃게 되는 굴욕적인 과정을 되돌아본다. 일제에 맞선 독립투쟁을 쫓아가면 그 시대에 절실했던 민족해방에 대한 꿈을 느낄 수 있다.

해방 후 대한민국 건국 과정에서 일어난 혼란스러움과 끝내 전쟁으로 불붙을 수밖에 없었던 좌우대립을 살펴보고, 전쟁이 남긴 상처들을 보듬어 본다.

전쟁 후 서슬 퍼런 독재정권 아래에서 민주주의가 좌절되고 성장되는 과정을 돌아보고 통일로 가는 길을 고민해 볼 수 있다.

근현대는 무엇보다 민중이 역사를 앞장서 이끌었다는 사실에 주목해야 한다. 반외세, 반봉건이라는 깃발로, 민족해방에 대한 의지로, 민주주의에 대한 열망으로 민중들은 시대를 이끌었다. 역사가 남겨진 현장 어디에도 민중들 발자국이 새겨지지 않은 곳이 없다.

답사지를 돌아보며 사건이 진행된 흐름과 인과관계를 쫓는 것도 좋겠으나 유물과 유적 하나하나에 깊게 서려 있는 그 시대 민중들이 겪은 고통과 한, 그리고 힘겨웠던 시절을 버텨 내면서 결코 놓지 않았던 미래에 대한 희망을 함께 공감하길 바란다.

과거를 되돌아보고 현재를 해석하며 그것을 토대로 미래를 전망하는 가장 합리적인 학문이면서, 사람됨을 되새기고 어울려 살 수 있는 평등과 평화를 지향하는 가장 미래적인 학문이 바로 '역사'이다.

끝으로 암울한 시대를 온몸으로 끌어안고 살다 간 수많은 사람들을 위해 조용히 묵념을 올린다.

2014년 1월에 **이문수**

차례

조선 후기부터 현대까지

과거를 되돌아보고 현재를 해석하며 미래를 전망하는 학문이 바로 '역사'이다. 근현대는 무엇보다 민중이 역사를 앞장서 이끌었다는 사실에 주목해야 한다. 역사가 남겨진 현장에는 민중들 발자국이 새겨지지 않은 곳이 없다. 남겨진 유물과 유적 하나하나에 서려 있는 그 시대 민중들이 겪은 고통과 한, 그리고 힘겨웠던 시절을 버텨 내면서 결코 놓지 않았던 미래에 대한 희망을 함께 느껴 보자.

33 서양과 벌인 전쟁

역사 이야기 19세기 후반에 들어와 동양을 식민지로 만들려는 서양 강대국들이 마침내 조선까지 와서 통상을 요구하기 시작했다. 식량이나 물을 구한다는 명목으로 조선 해안에 나타나 측량을 하고, 통상을 요구했다. 조선 정부는 필요한 물자를 주거나 난파된 선원을 구해 주기는 했으나, 통상 요구는 거절했다.

1863년, 어린 고종을 대신해 정권을 잡은 흥선대원군은 왕권 강화와 정권 유지를 위해서 안으로는 개혁정책을 실시하고, 밖으로는 다른 나라와 교류를 거부하는 정책을 썼다.

1866년, 평양에서 제너럴셔면호 사건이 일어났다. 미국 상선인 제너럴셔면호가 대동강을 거슬러 올라 평양 근처에서 통상을 요구하다가 거절당하자,

평양 유수 이현익을 포로로 잡고, 사람들에게 총을 쏘며 행패를 부렸다. 화가 난 평양 사람들이 배에 화약을 실어 띄워 보내서 제너럴셔먼호에 불을 붙여 침몰시켜 버렸다.

두 달 뒤, 병인박해를 빌미로 프랑스군이 강화도로 쳐들어왔다. 서울로 쳐들어가려는 프랑스군을 한성근 부대가 문수산성에서 막고, 양헌수 부대가 정족산성에서 무찔렀다. 이를 '병인양요'라 한다. 프랑스군은 철수하면서 외규장각 문서를 비롯해 금, 은, 무기 등을 약탈하고, 관아와 외규장각을 불태워 버렸다.

1868년에는 독일 상인 오페르트가 통상을 요구하다 거절당하자, 충청남도 덕산에 있는 흥선대원군 아버지인 남연군 묘를 도굴하려다 실패한 사건이 일어났다. 그러자 서양 사람은 모두 오랑캐라고 생각하게 되었고, 흥선대원군은 서양과 통상을 거부하는 정책을 더욱 단단하게 펼쳤다.

1871년에는 제너럴셔먼호가 불탄 것에 대한 책임을 묻는다면서 미국이 강화도로 쳐들어왔다. 로저스가 이끄는 미군은 초지진으로 상륙해 덕진진을 거쳐 광성보로 쳐들어왔다. 광성보에서 어재연 부대가 끝까지 싸웠으나 함락되고 말았다. 하지만 조선 정부에서는 통상을 거절하였고, 미군은 조선 진영에 꽂혀 있던 '수'자기와 많은 전리품을 빼앗아 돌아갔다. 이를 '신미양요'라고 한다.

서양과 두 차례에 걸쳐 전쟁을 치러 본 조선 정부는 개항을 하지 않아도 서양 세력을 막아낼 수 있다는 자신감을 갖게 되었다. 전국에 척화비를 세우고, 서양과 통상수교를 거부하는 정책을 더욱 강하게 펼쳐 나갔다.

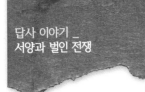

 문수산성

위치 경기도 김포시 월곶면
포내리 산 36-1

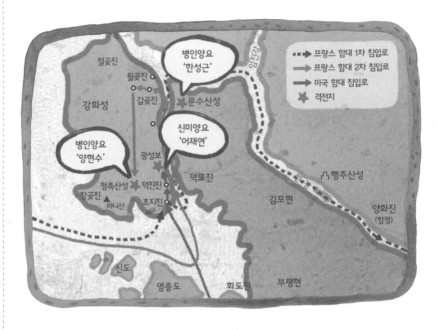

병인양요, 신미양요 격전지

김포와 강화도는 한양으로 들어가는 길목으로, 서양 세력으로부터 침략을 받았던 곳이다. 배를 통해 한강을 따라 한양으로 가기 위해서는 강화도를 반드시 거쳐야 했기 때문이다.

강화대교 맞은편인 강화 땅에 있는 갑곶진과 함께 한강 입구를 지키는 성이었다. 1694년, 숙종 때 쌓은 것으로, 길이는 2.4킬로미터이다. 성 위에 담장처럼 쌓은 여장이 2,173개 있었으며, 남문(우회루), 서문(공해루), 북문(취예루), 이렇게 성문이 3개, 아문(암문)이 4개가 있다. 아문은 성에서 깊숙하고 후미진 곳에

문수산성

설치하는데, 성이 포위당하면 가축과 사람이 몰래 드나들고 양식을 들여오던 곳이다. 지금은 1993년에 복원된 남쪽과 동쪽 아문만 남아 있다.

북문은 강화에서 육지로 나오는 관문이었는데, 병인양요 때 한성근 부대가 프랑스군과 치열한 전투를 벌인 곳이다. 해안 쪽 성벽과 문루가 이때 파괴되었다. 사적 제139호로 지정되어 있으며, 현재는 산등성이로 연결된 성곽 일부만 남아 있다. 지금 있는 문수산성 북문은 얼마 전에 새로 지은 것이다. 북문에서 북쪽으로 바라다보이는 강이 바로 한강이다.

문수산성은 문수골과 산성포 능선을 품으면서 해안으로 이어진 포곡식 산성이다. 포곡식 산성은 성안에 계곡이 있어서 물이 풍부하고 공간이 넓어서, 많은 부대가 주둔하며 오랫동안 전투를 할 수 있는 장점이 있다.

북문에서 바라본 한강

정족산성

위치 인천광역시 강화군 길상면 온수리 산 41

병인양요 전투

언제 쌓았는지 정확히 알 수는 없으나, 단군이 세 아들에게 쌓게 했다는 전설이 있어 '삼랑성'이라고도 부른다. 성 안에는 고구려 소수림왕 때 세운 절인 '전등사'와 조선왕조실록을 보관했던 '정족산 사고', 병인양요 때 양헌수 부대가 프랑스군을 물리친 기념비인 '양헌수 승전비'가 있다. 이 전투에서 프랑스군은 60~70명이 죽거나 다쳤으나, 조선군은 1명이 죽고, 4명이 다친 정도라고 한다.

● 정족산성 동문
●● 양헌수 승전비

정족산성은 험한 산에 자리 잡고 있으며, 동쪽과 남쪽으로 난 길로만 드나들 수 있어서 지키기가 좋은 곳이다. 조선군을 얕잡아 보고 무기도 제대로 갖추지 않은 채 쳐들어오는 프랑스군을 맞이해, 지형을 잘 이용해서 승리했다.

정족산성 동문을 지나면 바로 오른쪽에 양헌수 승전비가 보이는데, 자그마한 비각이라서 그냥 지나치기 쉽다. 양헌수 승전비를 지나서 한참 가다 보면 전등사가 나온다. 옛날에 전등사는 정족산 사고를 지키는 역할도 맡아서 했다.

전등사를 둘러보고 전등사 서쪽으로 조금 더 올라가면 정족산 사고가 자리 잡고 있다. 조선 효종 4년인 1653년에 마니산 사고에 불이 나서 책들이 불타자, 현종 1년인 1660년에 남은 실록들과 책들을 옮겨와 보관했다. 병인양요 때 프랑스군이 일부를 약탈해 갔고, 일제강점기인 1930년에 서울대학으로 바뀐 경성제국대학에서 보관하다가 지금은 서울대학교에 있는 규장각으로 옮겨서 보관하고 있다. 폐허로 변한 빈터에 주춧돌만 남아 있던 정족산 사고를 1999년에 복원했으나, 실록은 보관하지 않고 빈 건물로만 남아 있다.

● 전등사
●● 정족산 사고

외규장각

위치 인천광역시 강화군 강화읍
북문길 42

1782년에 정조가 왕실 문서를 보관하기 위해 강화도에 세운 도서관으로, 왕립 도서관인 규장각에 딸린 부속 도서관 역할을 했다. 왕실에서 치른 행사를 정리한 의궤와 서적 1천여 권을 보관했으나, 병인양요 때 396점이 약탈당했고, 나머지는 불타 버렸다.

1975년에 박병선 박사가 프랑스 도서관에서 약탈당한 의궤들을 찾아냈고, 프랑스 정부에 돌

외규장각

려달라는 요청을 하고 있다.

2010년 11월에 열린 G20 정상회의에서 외규장각 도서를 5년마다 계약을 갱신하는 임대 형식으로 프랑스가 우리나라에 대여하기로 합의해서 145년 만인 2011년 6월에 297책이 돌아왔다. 의궤는 현재 국립중앙박물관에 전시되어 있다.

강화도 외규장각은 고지도에 그려진 그림을 보고, 고려 궁지를 발굴하여 1997년에 복원했다.

생각거리   정조는 왜 귀중한 물건들을 강화도에 보관했을까?

초지진

사적 제255호인 강화도 남쪽, 강화해협 입구에 자리 잡고 있는 초지진은 숙종 42년인 1716년에 설치했다. 초지돈·장자평돈·섬암돈이 초지진에 소속된 부대이고 포대도 9개가 있었다.

병인양요 때는 프랑스군이 이곳으로 상륙하여 30일 동안 강화를 차지했고, 1871년에 일어난 신미양요 때는 미군 해병 450명이 상륙하여 점령했다. 이때 군사시설과 대포들이 모두 파괴되었다. 아직도 포탄 맞은 성벽과 소나무가 남아 있는데, 얼마나 격렬하게 싸웠는지를 보여주고 있다.

위치 인천광역시 강화군 길상면 해안동로 58

● 포탄 맞은 소나무와 초지진
●● 신미양요 전투

덕진진

위치 인천광역시 강화군 불은면
덕진로 34

덕진진은 초지진에서 약 2킬로미터 떨어져 있으며, 고려시대부터 강화해협을 지키던 곳이다. 1679년에 축조된 용두돈대, 덕진돈대와 1874년에 축조된 남장포대, 덕진포대를 관할하는 강화해협에서 가장 강력한 포대였다. 병인양요 때 양헌수 부대가 덕진진으로 건너와 정족산성으로 들어가서 프랑스군을 물리쳤다. 신미양요 때도 치열한 포격전을 벌였으나, 초지진에 상륙한 미군들에게 점령당하고 말았다.

1976년에 지금 모습으로 복원했는데, 덕진돈대 아래에는 바다에 세운 척화비라고 부르는 '덕진진 경고비'가 있다. 외국 배가 우리 해역으로 들어오지 말라는 비석이다.

덕진진

광성보

위치 인천광역시 강화군 불은면
해안동로 466번길 27

효종 9년인 1658년에 세웠다. 숙종 5년인 1679년에 화도돈대, 오두돈대, 광성돈대를 함께 만들어 광성보에 편입시켰다. 안해루는 영조

018

● 안해루
●● 광성보

21년인 1745년에 성벽을 돌로 고쳐 쌓으면서 세웠다.

신미양요 때 초지진, 덕진진을 차례로 점령하고 쳐들어온 미군과 가장 격렬하게 싸운 곳이다. 조선군들은 무기가 떨어지자, 맨손으로 끝까지 싸우다가 모두 전사하였다. 이때 전사한 어재연 장군과 동생 어재순을 기리는 쌍충비각과 전사자 350여 명을 기리는 '신미순의총' 이 있다.

용두돈대에 펄럭이던 '해병부대 전투 지휘관'이라는 뜻인 진무중 군 어재연 장군을 가리키는 '수'자기도 이때 미군에게 빼앗겨 미해군

신미순의총 위령비와
쌍충비각

● 신미순의총
●● '수'자기
●●● 용두돈대

사관학교에 있다가 2007년에 장기 임대 형식으로 돌아와, 강화역사 박물관에 전시하고 있다. 여러 '수'자기가 있었지만 지금 남아 있는 하나뿐인 '수'자기라서 더욱 가치가 높다.

남연군 묘

위치 충청남도 예산군 덕산면
가야산로(상가리 산 5–28)

　1868년에 독일 상인 오페르트가 소선과 동상이 어려워지자, 남연 군 무덤을 도굴하려다가 실패한 곳이다. 흥선대원군 아버지인 남연 군 이구 무덤은 풍수지리에서 2대에 걸쳐 왕이 나온다고 하는 명당

자리다.

　가야사라는 절이 있었고 무덤자리에는 탑이 있었는데, 절에 불을 지르고 탑을 부순 다음, 보덕사라는 절을 짓고 남연군 묘를 돌보게 했다. 무덤 자리 덕분인지 그로부터 7년 뒤에 남연군 손자인 명복이 12살 나이로 왕위에 올라 고종 임금이 되었다.

더 깊이 알기

1. 병인양요가 일어나기 전, 평양에서 통상을 요구하며 행패를 부리다 평양 사람들에 의해서 불타서 침몰한 제너럴셔먼호는 어느 나라 배인가요?

2. 천주교 확대를 막기 위해 프랑스 선교사와 신자들을 처벌하는 사건인 (   )가 발생하자, (   )는 조선에 책임을 묻는다는 구실로 (   )를 침략했습니다. 정족산성에서 물리친 이 전쟁을 (   )라고 합니다.

3. 신미양요 때 전투가 가장 격렬했던 곳으로 어재연 장군이 전사한 곳은 어디인가요?

4. 1782년 정조가 왕실 의궤와 중요한 책들을 보관하기 위해 강화도에 설치한 것은 무엇인가요?

5. 서양과 통상을 하지 않기 위해 "서양 오랑캐가 침범했을 때 싸우지 않음은 곧 화해하자는 것이요, 화해를 주장하는 것은 나라를 파는 것이다"라고 새겨서 전국에 세운 비석 이름은 무엇인가요?

_____

_____

6. 한양과 가까운 서해안에 자리 잡은 섬으로, 병인양요와 신미양요를 모두 물리친 곳은 어디인가요?

_____

_____

7. 흥선대원군이 서양과 교류하지 않겠다고 선언한 정책은 무엇인가요?

_____

_____

생각해보기

1. 서양 침략이 왜 대부분 강화도에서 시작되었을까요?

2. 독일인 오페르트는 통상 협상이 잘 안되자, 흥선대원군 아버지인 남연군 묘를 도굴하려다 실패했어요. 조선 사람들은 이 사건으로 어떤 생각을 갖게 되었을까요?

3. 흥선대원군이 전국에 척화비를 세운 까닭은 무엇이라고 생각하나요?

4. 이번 답사에서 가장 기억에 남는 것은 무엇인지 그린 다음, 그린 까닭을 써 보세요.

가장 기억에 남는 것
그린 까닭

34 서양 문물이 들어오다

역사 이야기

1876년, 강화도조약으로 나라 문을 연 조선은 뒤이어 서양 세력들과도 통상 조약을 맺으며 나라 문을 열었다. 나라 문을 열자, 서양 문물이 들어오게 되었다. 여러 서양 문물은 당시 사람들에게 호기심을 불러일으켰고, 사람들 생활 모습을 바꾸어 놓았다.

일본은 세력 확대와 더불어 조선에서 교통, 통신 시설을 차례차례 장악해 갔다. 미국에서 자본과 기술을 빌려 와 철도를 건설했던 일본은 청일전쟁을 하면서 조선 정부에 철도 부설권을 요구했다. 철도를 운영하면 조선에서 운송 수단을 손아귀에 쥐고 많은 이익을 얻으면서 식량과 자원을 약탈해 경제 침탈을 쉽게 할 수 있기 때문이었다. 서울과 부산을 잇는 경부선, 서울과 인천을 잇는 경인선 같은 철도 건설은 일본인 회사가 맡았고, 아관파천을 한 다음

부터는 여러 철도 부설권이 제국주의 열강들 손으로 넘어가고 말았다.

경인선이 개통되자, 사람들이 구름처럼 모여들었으나, 정작 기차를 이용하는 사람들은 별로 없었다. 기차 요금이 무척이나 비쌌고, 일본이 건설한 것이라서 좋지 않게 생각했기 때문이다.

철도와 더불어 중요한 운송 수단인 해운업도 1894년 일본과 맺은 협약으로 일본 사람 손에 넘어가게 되었고, 해운 운항권을 장악한 일본은 선박 운항을 편리하게 하기 위하여 곳곳에 항구를 건설했다.

미국은 서울 안에서 교통, 통신 시설 운영권을 차지하여, 서울에 전화를 개통시키고, 전차를 가설했다. 1898년에는 한성전기회사를 세워 전차를 운행하는 데에 필요한 전기를 만들었다. 전화기는 '전어기' 또는 '덕진풍'이라고 불렀고, 전차는 불을 뿜어내는 수레라는 뜻으로 '화륜거'라고 불렀다. 운영을 맡은 미국 회사는 갖가지 특혜를 누리며 막대한 이익을 얻었다. 1899년에 전차가 개통되자, 구경하려는 사람들이 몰려들어 제대로 운행을 못할 지경이었다. 얼마나 인기가 좋았는지 전차를 타려고 논밭을 팔아 서울로 오는 사람이 많아서 '논마지기 전차'라는 유행어가 생길 정도였다. 그러나 달리던 전차에 어린아이가 깔려 죽었는데도 운행을 계속하자, 분노한 시민들이 전차를 돌로 부수고 불태워 버렸고, 한성전기회사를 공격하는 일도 일어났다.

강화 연무당 터

위치 인천광역시 강화군 강화읍
북문길 9번길

연무당 옛터

1876년에 강화도조약(조일수호조규)이 체결된 곳으로, 군사들 훈련장이었다. 열무당이라고도 했다. 여기서 맺은 강화도조약으로 부산, 원산, 인천항이 개항되었고, 조선은 서구 열강에 의한 제국주의 침략 대상이 되고 말았다. 조선은 대한제국으로 국호를 바꾸고 자주근대화를 하려고 몸부림쳤으나, 결국 일제식민지로 전락하고 연무당 또한 사라지고 말았다. 지금은 그 자리에 표석만 서 있다.

인천 차이나타운

위치 인천광역시 중구 선린동,
북성동 일대 인천중부경
찰서 앞

인천 차이나타운은 1883년에 인천항이 개항되면서 들어온 중국 사람들이 모여 살면서 중국 문화가 자리 잡았다. 마치 중국에 와 있는 것 같은 착각이 드는 곳이다. 다른 나라에 있는 차이나타운들은 중국에서 일어난 난리를 피해서 옮겨 간 사람들이 만든 것인데, 인천 차이나타운은 돈을 벌려고 옮겨 온 사람들이 만든 것이다. 1882년에 일어난 임오군란 때 청나라 군인과 함께 들어온 상인들이 이곳에 자리를 잡으면서 시작되었고, 1884년에 '인천화상조계장정'이 체결되면서 중국 조계지가 세워졌다. 청나라 영사관도 들어서면서 중국식 건물들이 많이 세워졌다.

인천 차이나타운

중국 영사관이 있던 자리가 지금은 화교 학교로 바뀌었고, 중국어 마을 체험관, 중국식 건물들과 가게들, 삼국지 벽화거리 같은 볼거리들이 많이 있다.

그리고 우리나라에서 처음으로 짜장면을 만들어 팔기 시작한 음식점인 '공화춘'도 복원되어 있다. 곳곳에 중국과 관련된 건물뿐만 아니라 구 일본 영사관과 일본 은행 등 일본과 관련된 건물들도 볼 수 있다.

인천 개항박물관

위치 인천광역시 중구 신포로 23번길 89

인천 개항박물관

인천 차이나타운에 있는 개항박물관은 옛날에 일본 제1은행으로 사용되던 건물이다. 화폐를 만들던 전환국 역할도 맡고 있었다. 전환국은 돈을 만들어 내는 곳으로 1883년에 재정 고문 묄렌도르프가 건의하여 설립되었다. 당시에 사용되던 동전도 전시되어 있다.

이곳에서는 개항을 하던 시기에 인천으로 들어온 여러 가지 근대 문화의 다양한 모습을 살펴볼 수 있다. 1883년에 개항을 할 때 건설한 갑문식 도크와 해관에 관한 자료들과 우리나라 첫 신식 군함인 양무

호, 처음으로 세운 서양식 호텔인 대불 호텔 등에 관한 유물들이 전시되어 있다. 또 처음으로 인천과 서울을 오고가던 우편 제도, 통신 제도, 전보와 전화기, 우리나라 첫 철도인 경인선 개통 유물들도 볼 수 있다.

철도박물관

철도교육 연구단지 안에 있는 철도박물관은 처음으로 경인선 철도에서 사용했던 레일과 옛날 증기기관차, 초대 대통령 전용 귀빈 객차 같은 철도 유물과 자료 5천여 점을 볼 수 있다. 박물관 1층에 있는 모형 철도 파노라마실에는 비둘기 열차부터 KTX까지 운행 모형을 볼 수 있다. 기찻길이 너무 가파른 언덕이어서 올라갈 수 없을 때 사람은 기차에서 내려서 걸어 올라가고 기차는 기계로 끌어올렸던 철길인 강삭철도 사진도 볼 수 있다. 외부 전시실에서는 철도 실물들과, 1972년에 세운 철도 기점 표지석도 볼 수 있다. 야외 전시장에서 협궤무개열차도 있는데, 짐을 실어 나르기 위해서 미국에서 만든 덮개 없는 열차로 표준 철길보다 폭이 좁은 철길을 다니던 열차이다. 우리나라에 있

위치 경기도 의왕시 철도박물관로 142

철도박물관

는 협궤 열차는 시흥에 있는 소래에서 생산된 소금을 실어 나르기 위한 수인선과 여주 평야에서 쌀을 실어 내기 위해서 만든 여주선이 있었는데, 1995년에 수인선이 폐지되면서 지금은 사용되는 곳이 없다.

증기기관차

철도 운송은 산업화에 어떤 영향을 끼쳤을까요?

부산 근대역사관

위치 부산광역시 중구 대청로
104

　일본이 우리나라를 수탈하기 위해 세웠던 동양척식주식회사가 있던 곳이다. 1876년에 강화도조약이 체결되면서 문을 연 부산항은 조선 쌀을 일본으로 실어가는 항구였고, 부산은 일본이 우리나라와 중

국, 러시아로 침략해 들어가기 위해서 필요한 시설들을 세우는 곳이 되었다. 또 일본 상인들이 들어와 자리 잡으면서 부산은 수탈을 더 심하게 당하게 되었다.

　제1전시실에는 일제식민지 시대 관청들과 인력, 자원 수탈 등에 대해서 자세히 알 수 있고, 제2전시실에는 일본이 조선 경제를 지배하기 위해 1908년에 세운 동양척식주식회사 유물들을 전시해 놓았다. 1882년에 조미수호통상조약을 맺고, 우리나라와 미국이 처음으로 교류했던 상황을 이해할 수 있는 전시물이 있다. 일제강점기에 일본 사람들이 모여 살던 대청동 모형은 그때 사람들이 살던 모습을 잘 알 수 있게 해 준다.

 생각거리　일제강점기에 동양척식주식회사가 했던 일은 무엇인가요?

더 깊이 알기

1. 1876년에 조선이 처음으로 맺은 근대적 조약으로 일본에 나라 문을 열게 된 조약은 무엇인가요?

_____

2. 우리나라에서 처음으로 놓은 철도는 어디와 어디를 연결한 것인가요?

_____

_____

3. 여러 철도 부설권이 제국주의 열강들 손에 넘어가게 된 것은 이 사건이 일어나면서부터였는데, 고종이 러시아 공사관으로 거처를 옮긴 이 사건을 무엇이라고 하나요?

_____

4. 철도와 더불어 중요한 운송 수단으로 1894년 일본과 맺은 협약으로 넘어가게 된 것은 무엇인가요?

_____

_____

5. 1898년부터 전차를 운행하는 데에 필요한 전기를 만들었던 회사 이름은 무엇인가요?

_____

6. '전어기' 또는 '덕진풍'이라고 불렸던 근대 문물은 무엇인가요?

_____

_____

7. 전차를 부르는 다른 이름으로, 불을 뿜어내는 수레라는 뜻은 담은 이름은 무엇인가요?

_____

_____

8. 전차가 개통되자 논밭을 팔아서 전차를 타려고 서울로 사람들이 몰려왔다고 해서 전차에 붙여진 또 다른 이름은 무엇인가요?

_____

_____

생각해보기

1. 제국주의 국가들이 앞다투어 우리나라에서 철도 운영권을 얻으려고 했던 까닭은 무엇일까요?

2. 경인선이 처음 개통되었을 때 사람들이 구름처럼 모여들었으나, 정작 기차를 이용하는 사람은 적었던 까닭은 무엇일까요?

3. 서양 문물들이 들어와 근대화가 되면서 우리 생활에 많은 변화가 있었습니다. 변화들 가운데에, 긍정적인 면과 부정적인 면은 무엇이 있을까요?

   긍정적인 면 :

   부정적인 면 :

4. 이번 답사에서 가장 기억에 남는 것은 무엇인지 그린 다음, 그린 까닭을 써 보세요.

가장 기억에 남는 것

그린 까닭

35 동학농민운동과 갑오개혁

역사 이야기 동학은 1860년에 경주에서 최제우가 '모든 사람은 하늘과 같이 소중하다'는 '인내천' 사상을 앞세워 만든 종교이다. 천주교인 '서학'에 맞선다는 의미로 '동학'이라고 이름을 붙였고, 신분제 사회가 아닌 평등 사회를 주장했다. 사악한 논리로 세상을 어지럽힌다는 '사도난정'이라는 죄목으로 최제우를 처형하고 탄압했지만, 동학 세력은 점점 커지기만 했다.

고부 군수 조병갑은 농민들을 동원하여 '만석보'를 만들고, 물세를 거두어들였다. 자기 아버지 공덕비를 세우는 비용과 불효세, 반목세 같은 세금을 마음대로 만들어서 강제로 거두어들였다. 농민들이 항의했지만, 오히려 매질을 하고, 옥에 가두었다.

견디다 못한 농민 천여 명이 전봉준을 중심으로 고부 관아를 습격해, 창고에 있던 곡식을 백성들에게 나누어 주었다. 이것이 고부민란이며, 동학농민운동이 일어나게 된 출발점이다.

당황한 정부는 도망친 조병갑을 파직하고, 안핵사로 이용태를 파견했다. 하지만 사건을 수습하러 온 이용태는 고부민란을 농민들 탓으로 돌려, 주동자를 잡아들여 벌주려고 했다.

그러자 전봉준은 전라도 지방 동학 접주들에게 통문을 돌리고 백산에서 들고 일어났다. 처음으로 관군과 맞서 싸운 '황토현 전투'에서 크게 승리한 동학 농민군은 전주성까지 밀고 들어갔다.

정부는 동학 농민군을 막기 위해 청나라에 군대를 보내달라고 했다. 청나라가 군대를 보내자, 일본도 '텐진조약'에 따라 조선에 군대를 보냈다.

동학 농민군은 이들을 몰아내기 위해 정부와 '전주화약'을 맺고 농민군을 해산했다. '집강소'를 설치해서 농민들이 나랏일에 직접 참여하게 되었다.

하지만 일본은 군대를 물리지 않고 김홍집을 중심으로 한 친일 내각을 세운 다음, 청일전쟁에서 승리한 뒤, 조선에 대한 내정 간섭을 강화했다.

전주화약을 맺고 해산했던 동학 농민군은 일본군과 친일 내각을 몰아내기 위해 다시 들고 일어났다. 이것을 '2차 봉기'라고 한다. 공주 우금치에서 일본군에게 크게 패한 농민군은 후퇴를 거듭하다 해산했다. 전봉준은 다시 기회를 엿보기 위해 서울로 가다가 순창에서 체포되어 처형당했다. 그러나 동학 농민군이 주장했던 '폐정 개혁 12조' 가운데 신분제 폐지, 과거제 폐지, 과부 재가 허용 등은 갑오개혁에 많은 영향을 주었다.

**동학농민운동과 관련된 답사지는
이곳에서 소개한 곳 외에도 전국 곳
곳에 많이 있습니다.

위치 전라북도 전주시 완산구
풍남문3길 1

전주성

전주성은 전주부가 있었던 곳으로 전라도 지방을 다스리는 중심
이었다. 동학농민운동 때는 농민군과 관군이 가장 치열하게 싸웠던
곳이다. 황토현 전투에서 승리하고, 전주성까지 점령한 동학 농민군
은 사기가 크게 올랐다. 홍계훈이 이끄는 관군과 여러 번 전투를 벌
였으나, 다시 빼앗기지 않았다. 외세가 들어오고, 농민군이 요구한
폐정 개혁안을 정부가 받아들이자, 이곳에서 전주화약을 맺고, 농민
군은 해산했다.

현재는 남문이었던 풍남문만 남아 있고, 농민군이 전주성을 점령
할 때 깨뜨리고 들어갔던 서문은 표지석만 남아 있다.

전주성 풍남문

만석보유지비와
만석보혁파선정비

만석보유지비는 옛날에 '만석보가 있었던 자리'라는 것을 알려주는 비석이다.

정읍천에는 원래 농민들이 쌓은 보가 있었다. 아무리 가뭄이 심해도 이 보에서 물을 끌어다 쓰면 풍년이 든다고 하여 '만석보'라고 불렀다. 그런데 고부 군수 조병갑이 정읍천과 동진천이 만나는 자리에 농민들을 강제로 동원하여 새로운 '만석보'를 쌓고, 물세를

만석보유지비

위치 만석보 전라북도 정읍시 이평면 하송리 17-1
만석보혁파선정비 전라북도 정읍시 이평면 혁파길 7

받지 않겠다던 약속을 어기고 보 사용료로 물세를 거두었다. 그뿐만 아니라 수단과 방법을 가리지 않고 백성들을 못살게 굴자, 백성들이 들고 일어난 것이 '고부민란'이다.

만석보유지비에서 보이는 예동 마을 앞에 만석보혁파선정비가 있다. 만석보를 농민들이 허물기는 했으나, 일부는 남아 있던 것을 1898년에 고부 군수로 부임한 안길수가 완전히 없애 버렸다. 농민들이 이를 감사히 여겨 만석보혁파선정비를 세웠다.

말목장터

위치 전라북도 정읍시 이평면
두지리 말목장터로

말목장터는 부안, 태인, 정읍으로 가는 길이 만나는 삼거리에 있다. 고부 군수 조병갑이 벌이는 횡포를 견디다 못한 농민들이 이곳에 모여 고부 관아로 쳐들어간 고부민란이 시작된 곳이다.

지금은 동학농민운동을 기념하는 게시판과 정자, 그리고 감나무가 서 있는 작은 공원이 되어 있다. 당시 말목장터에 있었던 감나무는 죽어버려 '동학농민혁명 기념관'에 보존하고 있고, 새로 심은 감나무가 자라고 있다.

말목장터

전봉준 고택과 전봉준 단소

위치 전라북도 정읍시 이평면
조소 1길 20

전봉준 고택은 전봉준이 고부 농민 봉기를 준비하고, 지휘할 때 살았던 집이다. 실제로 살았던 기간은 3년 정도라고 한다. 1974년에 복원했으며, 생가는 고창군 고창읍 죽림리 당촌 마을에 있다.

이곳에서 5백여 미터 떨어진 곳에 전봉준 무덤이 있다. 전봉준 무덤은 시신이 없는 상태에서 만든 가묘라서 '단소'라고 한다. 일본이

● 전봉준 단소
●● 전봉준 고택

전봉준 장군을 처형한 뒤 시신을 어디에 묻었는지 알려주지 않아, 지금까지도 유골을 수습하지 못하고 있다. 1954년에 후손들이 전봉준을 기리기 위해서 만들었다.

 ## 황토현 전적지

황토현 전적지는 1894년에 들고 일어난 동학 농민군이 처음으로 전투를 벌인 곳으로, 전라 감사 김문현이 이끄는 관군과 싸워서 크게 이겼다.

위치 전라북도 정읍시 덕천면 동학로 715

황토현 정상에 서 있는 갑오동학혁명기념탑은 1963년에 세운 것으로, 동학농민혁명을 기념하는 첫 번째 탑이다. 탑 아래쪽에는 전봉준 장군 동상과 사당, 기념관, 광장 등이 있다. 2004년에는 국내에서 가장 큰 동학농민혁명 전시관과 교육관을 열었다.

황토현 전적지

🧑 고부 관아 터

위치 전라북도 정읍시 고부면 교동 3길 14

고부 관아 자리에는 1906년에 문을 연 고부 초등학교가 자리 잡고 있다. 고부 초등학교 교문 옆에 고부 관아 지도 판이 세워져 있어서 관아 크기와 건물 위치 등을 짐작해 볼 수 있다.

고부군은 들판이 넓고 농사가 잘 되어서 탐관오리들이 뇌물을 주고서라도 서로 가려고 할 만큼 넉넉한 곳이었다고 한다.

고부 초등학교 옆에는 고부 향교가 있다. 언제 세워졌는지는 알 수 없고, 임진왜란 때 불에 탄 것을 1597년 다시 지었다고 한다.

고부 관아 터

🧑 백산성지

위치 전라북도 부안군 백산면 백산성길

백산은 농민군이 두 번이나 진을 친 곳이다. 고부 관아를 점령하고 난 뒤에도, 무장 봉기 때에도 이곳에 진을 쳤다. 흰옷을 입고 죽창을 든 농민군들이 산을 가득 메워서, 농민군들이 앉으면 죽창으로 산을 덮고, 일어서면 농민군들이 입은 흰옷으로 산을 덮는다 해서 "서면 백산(白山), 앉으면 죽산(竹山)"이라는 말이 생겼다. 백산에 올라가 보면, 둘레 들판을 한눈에 볼 수 있어서 군사들이 진을 치기

백산성

에 아주 좋은 곳임을 알 수 있다. 산 정상에는 '동학혁명창의비'가 세
워져 있다.

 ## 우금치 전투지

공주 우금치는 1894년 11월 8일부터 11일까지 전봉준이 이끄는 남
접군과 손병희가 이끄는 북접군이 관군과 일본군을 상대로 전투를
벌인 곳이다. 우수한 무기로 무장한 신식 군대와 수십 번에 걸쳐서

위치 충청남도 공주시 우금티로
431-61

우금치 전투지

밀고 밀리기를 되풀이 했다. 동학농민운동에서 가장 큰 싸움터이고, 가장 많은 농민군이 죽고 다친 곳이다. 공주를 차지한 다음, 서울로 가려던 농민군은 이곳에서 패하고 후퇴를 거듭하다 해산하고 말았다. 목숨을 잃은 농민군과 관군을 위로하기 위해서 동학 혁명군 위령탑이 세워져 있다.

천도교 중앙대교당

위치 서울특별시 종로구 삼일대로 457

천도교는 동학을 이끈 3대 교주였던 손병희가 1905년 동학에서 이름을 바꾸고 새롭게 정비한 것이다. 천도교 중앙대교당은 1918년에 짓기 시작해서 1921년에 완공했다.

하지만 이 자리는 건물이 세워지기 전 순창에서 체포된 전봉준이 서울로 압송되어 심문과 재판을 받던 일본 공관이 있었던 곳이기도 하다.

천도교 중앙대교당

전봉준 장군 피체지(피로리)

위치 전라북도 순창군 쌍치면
피노길 65-29

전봉준 장군 피체지

동학 농민군이 우금치 전투에서 패한 뒤에 벌어진 전투들에서도 잇따라 패하자, 전봉준은 농민군을 해산했다. 이곳저곳을 옮겨 다니며 농민군 세력을 다시 모으던 전봉준이 순창에서 부하인 김경천 집에 찾아갔으나, 김경천이 밀고를 하여 붙잡히고 말았다. 전봉준이 잡힌 곳이 피로리였는데 현재는 순창군 쌍치면 금성리로 이름이 바뀌었다. '피체지'라는 이름이 어렵다는 여론이 있어 순창군에서 이름을 바꾸고, 재조성할 계획이라고 한다.

더 깊이 알기

1. 1860년에 동학을 만든 사람은 누구인가요?

_____

_____

2. 동학에서 모든 사람은 하늘과 같이 소중하다는 의미로 내세운 사상은 무엇
   인가요?

_____

_____

3. 고부 군수로 재직하면서 새로운 만석보를 세워 물세를 걷고, 불효세, 반목세
   같은 세금을 만들어 거두어들인 사람은 누구인가요?

_____

_____

4. 동학 농민군이 처음으로 관군과 맞서 싸워 이긴 전투는 무엇인가요?

_____

_____

5. 정부가 청나라에 군대를 요청해 청나라가 파병하자, 일본도 군대를 보낸 건 무슨 조약 때문인가요?

6. 동학 농민군이 요구한 개혁안을 받아들이는 등 정부와 농민군 사이에 맺어진 약속은 무엇인가요?

7. 일본군과 친일 내각을 몰아내기 위해 다시 봉기한 농민군이 관군과 일본군에게 크게 패한 전투는 무엇인가요?

8. 동학 농민군이 주장한 것으로 1894년 실시한 갑오개혁에 반영된 내용들은 무엇인가요?

생각해보기

1. 청나라가 조선에 군대를 파병하자, 일본도 군대를 보낸 까닭은 무엇일까요?

2. 전봉준 부하였던 김경천이 자신을 찾아온 전봉준을 밀고한 까닭은 무엇일까요?

3. 이번 답사에서 가장 기억에 남는 것은 무엇인지 그린 다음, 그린 까닭을 써 보세요.

가장 기억에 남는 것

그린 까닭

36 근대화와 대한제국 성립

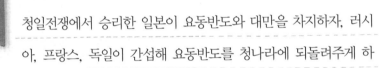

역사 이야기 청일전쟁에서 승리한 일본이 요동반도와 대만을 차지하자, 러시아, 프랑스, 독일이 간섭해 요동반도를 청나라에 되돌려주게 하였다. 이것을 본 명성황후가 러시아와 손을 잡자, 1895년에 일본이 '을미사변'을 일으켰다. 김홍집을 중심으로 친일 내각을 세우고 '건양'이라는 연호와 태양력을 사용했다. 종두법도 시행했다. 우편업무를 다시 시작하고 초등학교를 만들었다. 단발령도 내렸다.

고종은 1896년 2월에 러시아 공사관으로 피신한 아관파천을 단행했다. 김홍집 내각을 해산하고 친러 내각을 구성했다. 단발령도 거두어들였다.

이때부터 서양 열강들은 우리나라에서 이권을 침탈하기 시작했다. 러시아는 부산에 연료기지(석탄 창고)를 마련하기 위해 절영도를 조차하려 했고, 두만강, 압록강, 울릉도에서 나무를 베어가는 삼림 채벌권을 가져갔다. 프랑스는 광산 채굴권, 미국은 금광 채굴권, 일본은 철도 부설권을 가져갔다.

고종이 러시아 공사관에 머무는 동안, 서재필 등이 독립신문을 창간하고, 자주근대화와 민중계몽을 위해 독립협회를 창설하고 독립문을 세웠다.

독립협회를 중심으로 환궁하라는 여론이 거세어지자, 마침내 고종은 1년 만에 경운궁으로 돌아와 원구단과 황궁우를 세우고 자주독립국가를 선포했다. 국호는 '대한제국', 연호는 '광무'로 하고 왕을 '황제'라고 불렀다.

독립협회는 자유민권(민주주의), 자강개혁(자본주의), 자주국권(민족주의)를 내세우고 계몽활동과 정치활동을 했다.

1898년 3월에 열린 '만민공동회'는 처음으로 백성들이 집회를 열고 이권 침탈 반대를 외쳤다. 러시아 절영도 조차를 막고, 한러 은행과 일본이 만든 월미도 석탄 창고를 문 닫게 했다. 정부가 독립협회를 억누르려 하자, 집회를 벌이고 상점문을 닫는 철시투쟁으로 저항했다. 백정인 박성춘이 연설한 '관민공동회'에서는 입헌군주제, 재정 일원화, 피고에 대한 인권 존중 같은 내용이 담긴 '헌의 6조'가 채택되었다. 이를 바탕으로 의회 설립 운동이 전개되어 의회를 세우는 법인 '중추원 관제'가 선포됐다.

정부는 독립협회가 커지자 보부상 단체인 황국협회와 군대를 동원해 해체시키고, 1899년에 '대한국 국제'를 선포해 황제가 주도하는 광무개혁을 밀고 나갔다.

건청궁, 향원정, 집옥재

위치 서울특별시 종로구 세종로
1-1

단청을 하지 않은 건청궁은 궁궐 안에 있는 궁궐로, 경복궁 뒤 깊숙한 곳에 자리 잡고 있다. 경복궁 재건이 완료될 무렵, 고종이 사비를 털어서 지은 것으로 향원정, 집옥재와 더불어 흥선대원군 그늘에서 벗어나 친정을 선언한 고종과 명성황후가 살던 공간이다. 사랑채, 안채, 행랑채가 있는 사대부집처럼 지었다.

사랑채인 장안당에는 고종이, 안채인 곤녕합에는 명성황후가 거처했다. 을미사변 때 곤녕합 남쪽에 있는 옥호루에서 명성황후가 시해되었다.

건청궁 앞에는 '향기가 멀리 퍼져 나간다'라는 뜻을 담은 향원정이 있다. 임진왜란 때 불타 없어졌다가 건청궁을 지을 때 다시 지었다. 향원정 앞 취향교는 원래 남쪽이 아니라 북쪽에서 건청궁과 연결되었던 것인데, 한국전쟁 때 불타 버렸다.

고종은 자주근대화를 이루기 위해서 1887년 미국에 있는 에디슨 전기회사에서 발전시설을 들여왔다. 건청궁 앞에 발전소를 설치하고

● 건청궁
●● 건청궁 내 옥호루

향원정 물을 끌어올려 발전기를 돌렸다. 물을 먹고 불이 켜진다 해서 전기를 '물불'이라고도 했다. 향원정 연못에 있는 물고기가 발전 때문에 물이 뜨거워져 떼죽음을 당하기도 했다. 사람들은 전등을 켜기 위해 시끄러운 소리가 밤새 끊임없이 들려 '괴물불'이라고도 하고, 불이 들어왔다 나갔다 하여 고장 나면 비용이 많이 들어가서 '건달불'이라고도 했다. 전깃불이 묘하다 해서 '묘화'라고도 했다.

건청궁 옆에 있는 집옥재는 서쪽에 팔우정, 동쪽에 협길당까지 복도가 유리창으로 이어져 있는 건물이다. 1888년에 창덕궁에 있던 집옥재를 그대로 옮겨 놓은 것이다. 고종은 이곳에서 사신을 만나고, 근대 서양 선진 문물을 받아들이는 공간으로 이용했다. 집옥재는 여느 궁궐 모습과는 다르게 중국식이므로 그냥 지나치지 말고 자세히 둘러보길 바란다.

건청궁에서 명성황후가 시해되자, 위협을 느낀 고종이 아관파천을

향원정

집옥재

단행한 뒤부터 경복궁은 왕이 살지 않은 궁이 되었다. 일제강점기 때 건청궁과 둘레가 헐리고, 조선총독부가 미술관 별관을 지어서 사용하다가 민속박물관으로 바뀌었고, 1995년부터는 전통공예전시관으로 쓰다가 철거한 자리에 복원해서 2007년부터 개방하고 있다.

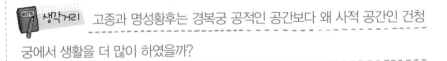 고종과 명성황후는 경복궁 공적인 공간보다 왜 사적 공간인 건청궁에서 생활을 더 많이 하였을까?

 # 러시아 공사관

위치 서울특별시 중구 정동길 21-18

덕수궁 돌담길을 따라 한참을 가다 보면 언덕 중간쯤에 정동 공원이 있다. 공원 위쪽에 있는 하얀 건물이 바로 구 러시아 공사관이다. 아관파천을 했던 이곳은 원래 덕수궁 후원인 상림원이 있었던 자리

구 러시아 공사관

다. 정동을 한눈에 내려다 볼 수 있는 곳에 자리 잡은 공사관 건물은 러시아 사람인 사바틴이 설계했으며, 한국전쟁 때 불타고 복원된 탑만 남아 있다. 이곳은 조로수호통상조약이 체결된 뒤인 1890년에 지은 르네상스 양식 건축물이다.

러시아 공사관이 이렇게 높은 곳에 자리 잡은 것은 미국, 영국, 프랑스가 움직이는 것과 경운궁(덕수궁)을 한눈에 볼 수 있기 때문이었다.

러시아 공사관과 경운궁을 연결하는 지하 비밀통로가 있다는 말이 있는데 덕수궁 관리소에 따르면 근거가 없는 이야기라고 한다. 고종은 러시아 공사관에서 1년여 만에 경복궁으로 가지 않고 경운궁(덕수궁)으로 환궁했다. 지금 정동에 있는 러시아 공사관은 1990년 한러수교가 맺어진 뒤에 새로 지었다.

 생각거리　고종은 러시아 공사관에 머물면서 어떤 생각을 했을까?

경운궁(덕수궁)

위치 서울특별시 중구
세종대로 99

'덕수궁'은 원래 이름이 경운궁이다. 임진왜란 때 의주까지 피난 갔다가 돌아온 선조가 거처할 왕궁이 없자 왕실 사람들 집 가운데에서 가장 큰 월산대군 집을 임시 궁궐로 사용했다. 선조를 이은 광해군 때 창덕궁이 완성되자 떠나면서 '경운궁'이라는 궁호를 붙여 주었다.

경운궁이 궁궐로서 모습을 갖추기 시작한 때는 고종이 아관파천을 마치고, 러시아 공사관과 가까이 있는 이곳으로 돌아오면서부터였다. 1907년, 고종은 순종에게 황위를 물려주고 순종은 창덕궁으로 거처를 옮겼다. 고종은 경운궁에 머물러 있었는데 이때부터 고종이 장수하기를 비는 뜻에서 덕수궁이라 불렀다.

경운궁에는 정문인 대한문, 정전인 중화전, 함녕전, 석어당, 석조전, 정관헌 등이 있다.

● 대한문
●● 중화전

● 함녕전
●● 석어당

중화전은 2층 건물이었으나 1904년에 화재가 난 뒤에 재건하면서 단층 건물로 지었다. 침전인 함녕전은 1919년에 고종이 죽음을 맞이 한 곳이며, 석어당은 2층 전각으로 고종이 거처로 사용하였고 광해 군 때에는 인목대비가 유폐되었던 곳이다. 선조임금을 추모하던 곳이 기도 했다. 1906년에 다시 지었으며 단청을 하지 않았다.

영국 사람인 하딩이 설계한 석조전은 정면 54미터, 너비 31미터인 커다란 3층 석조 건물이다. 1층은 신하들 거실, 2층은 황제 접견실과 홀, 3층은 황제와 황후 침실, 그리고 응접실로 사용했다.

1945년에 해방이 되고 나서 석조전에서 미소공동위원회가 열렸고, 국립박물관으로도 사용되었다. 현재 본관은 궁중유물전시관, 서관 은 국립현대미술관으로 사용되고 있다.

1900년에 건립되었다고 짐작하는 서양식 정자인 정관헌은 고종이 다과회를 열거나 음악을 감상하던 곳이며, 조선을 세운 태조 어진을

● 석조전
●● 정관헌

봉안했다고 한다. 고종이 이곳에서 커피를 즐겨 마셔서 고종 전용 커피숍이라는 말도 있는데 공식 기록에는 없는 것이라고 한다.

 생각거리 아관파천 후 환궁할 때 고종은 왜 경복궁으로 가지 않고 경운궁(덕수궁)으로 갔을까?

 독립문

위치 서울특별시 서대문구 성산로 701

독립문은 우리나라에서 처음으로 만들어진 시민 단체라 할 수 있는 독립협회가 중국 사신을 영접하던 사대주의 상징인 영은문을 헐어버리고 그 자리에 세운 문이다. 중국과 사대 관계를 끊고 자주국가임을 내세우기 위한 것이었다.

프랑스 파리에 있는 개선문을 모방해서 서재필이 설계했는데, 화강석 쌓기로 중앙에 홍예문, 내부 인쪽에는 정상으로 올라가는 돌층

독립문

계가 있고, 정상에는 돌난간이 둘러져 있다. 홍예문 이맛돌에는 황실 상징인 이화 문장이 새겨져 있고 현판석에는 한글과 한자로 '독립문'이라는 글자와 태극기가 새겨져 있다. 문 앞에는 영은문 주초 2개가 있다. 원래는 길 한가운데 있었으나, 1979년에 도로를 넓히면서 지금 자리로 옮겼다.

황궁우

사적 제157호로 하늘에 제사를 지내는 곳이다. 서울 소공동 롯데백화점 뒤편에 있는 소선 호텔이 원구단이 있던 자리이고, 지금은 황궁우만 남아 있다.

위치 서울특별시 중구 소공로 106

황궁우

원구단에서 '단'은 제단, '원'은 하늘을 뜻한다. 즉 원구단은 하늘에 제사를 올리는 제단이다. 제사를 올리기 위해 준비를 하는 부속 건물이 황궁우이다. 그 옆에는 제천의식에 필요한 악기로 추측되는 석고 3개가 있는데 용무늬가 화려하다. 천원지방(天圓地方)이라 하여 하늘에 제사를 지내는 '단'은 둥글고, 땅에 제사를 지내는 '단'은 모나게 쌓았다.

중국에도 천단이라는 곳이 있는데 하늘에 제사를 지낼 수 있는 사람은 오로지 황제뿐이었다. 조선은 황제가 아닌 왕이었으므로 천단이 없었고, 한 등급 낮은 지방신과 토지신에게 제사를 지내는 사직단만 있었다. 궁궐이나 임금 옷도 노란색은 쓸 수 없었는데, 고종이 1897년 하늘에 제사를 올리는 의식을 함으로써 비로소 황제 모습을 갖추고 옷 색깔도 노란색으로 바뀌었다. 원구단은 대한제국이 황제

석고

나라라는 상징성을 가지고 있는데, 1913년 일제가 원구단을 헐어 버리고 그 자리에 조선 호텔을 지은 것이다.

 생각거리　일본은 왜 원구단을 없애 버렸을까?

더 깊이 알기

1. 일본이 불리해진 정세를 돌려놓기 위해 건청궁에 침입하여 명성황후를 시해한
   사건은 무엇인가요?

   _____

   _____

2. 을미사변이 일어나자 신변에 위협을 느낀 고종과 세자가 러시아 공사관으로 피
   신한 사건은 무엇인가요?

   _____

   _____

3. 우리나라에서 처음으로 서재필이 창간한 한글 신문은 무엇인가요?

   _____

   _____

4. 우리나라에서 처음으로 민중들이 모여 외세 이권 침탈에 반대하고 자유 민권
   운동을 요구한 민중 대회는 무엇인가요?

   _____

5. 백정인 박성춘이 연설하고, 헌의 6조를 제시, 근대적 의회 설립을 추진한 집회
는 무엇인가요?

_____

_____

6. 대한제국 국제를 반포한 까닭은 무엇인가요?

_____

_____

7. 독립협회가 세운 독립문은 어떤 나라로부터 독립하는 것을 뜻하나요?

_____

_____

생각해보기

1. 을미의병은 왜 일어났을까요?

_____

_____

_____

_____

2. 영은문을 헐어 버리고 독립문을 세운 의미는 무엇일까요?

_____

_____

_____

_____

3. 독립협회는 독립신문을 왜 발행했을까요?

_____

_____

_____

4. 이번 답사에서 가장 기억에 남는 것은 무엇인지 그린 다음, 그린 까닭을 써 보세요.

가장 기억에 남는 것

그린 까닭

37 애국계몽운동

역사 이야기

애국계몽운동은 을사늑약을 앞뒤로 하여 한일병합 때까지 독립을 위해 개화 지식인과 유학자들을 중심으로 펼쳐진 국민운동이다. 교육을 통해 인재를 양성하고, 경제를 발전시켜 나라 힘을 키우며, 언론 활동, 국사와 국어 연구 등을 통해 민중을 계몽해 근대화와 독립을 이루자는 것이었다.

독립협회를 이어서 등장한 애국계몽단체는 '보안회'로 일본이 황무지 개척을 요구하는 것을 반대했다. 1905년에 만들어진 '헌정연구회'는 입헌 의회 중심으로 정치 개혁을 주장했고, 1906년에 만들어진 '대한자강회'는 고종 황제 강제 퇴위 반대 운동을 펼쳤다. 1907년에 안창호, 이승훈, 양기탁을 중심으로 만들어진 '신민회'는 비밀결사단체로 자주독립을 할 수 있는 힘을 키우려고 했다. 신민회 회원들에 의해서 설립된 학교는 100여 개에 이르는데, 정주 오산학교, 평양 대성학교는 완전한 시설을 갖춘 중학교였다. 민족 산업을 키우기 위해 태극서관 같은 회사를 운영했고, 대한매일신보를 통해 국민을 계몽했다. 신민회 회원이었던 이회영과 형제들은 모든 재산을 처분해 만주에 독립운동 기지인 신흥무관학교를 세우고 인재를 양성했다. 1911년에 일어난 '105인 사건'으로 일제에게 탄압을 받아서 무너졌지만, 회원 대부분이 독립군 기지 건설과 무장 독립전쟁으로 운동 방향을 바꾸어 만주와 중국에서 일어난 독립투쟁에 밑거름이 되었다. 미국으로 건너간 안창호는 샌프란시스코 유학생을 중심으로 민족운동단체인 흥사단을 조직했다. 신채호, 박은식은 〈조선사연구초〉, 〈한국통사〉, 〈한국독립운동지혈사〉를 발표해 민족 우수성을 깨닫게 하고 독립정신을 키우려 했으며, 우리 말과 글을 잘 가꾸려 했고, 주시경은 〈국어문법〉을 펴내 한글 연구에 앞장섰다. 1907년에 일어난 '국채보상운동'은 일본에 진 나랏빚을 갚자는 운동이었다. 대구에서 서상돈, 양기탁 등이 시작했고, 「대한매일신보」, 「황성신문」 같은 언론이 호응해 전국으로 퍼져 나갔다.

1920년대가 되면서 독립이 어렵다고 판단한 지식인들은 일제가 허용하는 범위 안에서 실력을 키우는 실력양성운동을 벌였다. 국산품애용운동인 물산장려운동과 민립대학운동이다.

1923년에 진주에서는 백정들에 대한 편견과 교육 차별에 반발해 '형평운동'이 일어났다. 이 운동에 참여한 사람들이 파업과 소작쟁의에 참여하면서 민족해방운동으로 발전했다.

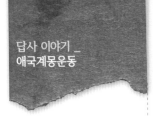

 # 대한매일신보사 터와
중동학교 터

위치 서울특별시 종로구 율곡로
2길 7

　대한매일신보 발행인이자 소유주는 영국 사람인 베델이었고, 발행부수가 1만 부를 넘는 가장 큰 신문사였다. 민족운동 중심기관이었던 대한매일신보는 많은 의병들이 무장 항일투쟁에 가담하도록 영향을 주었다. 그리고 국채보상운동 총본부였던 '국채보상지원금총합소'를 신문사 안에 두고 대한제국이 빚으로 안게 된 1300만원을 국민들이 갚자는 국채보상운동 기사를 싣고 운동을 주도했다. 양기탁, 신채호, 박은식 등은 항일 비밀결사조직 '신민회'를 결성하기도 했다.

대한매일신보사 터

대한매일신문이 일제 침략을 반박하는 기사를 싣자 일본은 베델을 한국에서 추방하고 신문을 발행하지 못하도록 압력을 가하기도 했다.

　베델이 죽자, 영국은 대한매일신보를 통감부에 팔아 넘겼고, 1910년에 한일병합이 되면서 조선총독부 기관지로 전락했다. 그 뒤에는 매일신보라고 부르다가 광복 뒤부터 서울신문으로 바뀌었다.

1906년에 대한매일신보사 터에 중동학교가 문을 열었다.

중동학교는 한성한어학교 안에 교실 몇 개를 빌려 당시 한어학교 선생이었던 오규신, 유광렬, 김원배 등이 한어와 산술 두 과목을 가르치는 야학에서 시작되었다.

중동학교 옛터 비석

1907년에는 오세창이 교장으로 취임했다. 1914년 2월에 학교 땅이 팔려서 폐교 위기에 처하자, 백농 최규동이 학교를 인수해 지금 자리로 옮겼다. 1919년에는 사립중동학교라고 부르며, 고등과·중등과·초등과로 나누었다.

교장인 최규동은 학생들에게 민족의식을 일깨워 독립운동을 펼치는 토대를 다지는 데에 늘 힘썼다. 중동학교 설립 정신은 최규동 호인 백농을 딴 백농정신으로, '백두산 아래 사는 백의민족을 가르쳐 깨우친다'는 뜻이다. 백농정신을 실현하기 위해 애국애족정신, 자주자립정신, 창조개적정신 등을 실천하도록 강조했다.

흥사단

위치 서울특별시 종로구 대학로 122

흥사단은 도산 안창호가 1913년 미국 샌프란시스코에서 유학중인 청년 학생들을 중심으로 조직한 민족운동단체이다. 1911년에 105인 사건으로 신민회가 무너지자, 미국으로 건너간 안창호는 부강한 나라를 만들기 위해서는 실력을 갖춘 인재를 키우는 것이 가장 중요하다 여기고 흥사단을 조직했다. 실력 양성을 위해서 참되고 실속 있도록 힘써 실행한다는 '무실역행'과 충성과 신의를 지키고 능동적으로 행동한다는 '충의용감'을 기본 정신으로 삼았다.

지금은 전국에 지부 26개와 미국에 지부 8개가 있다. 또한 무실·

흥사단

역행·충의·용감 정신을 바탕으로 한 인재양성운동, 통일운동, 투명사회운동, 교육운동, 청소년운동, 지역사회 풀뿌리 시민운동을 펼치고 있다.

세계 어린이운동 발상지 기념비

천도교 중앙대교당 입구 왼편에 세계 어린이운동 발상지 기념비가 있다. 천도교 3대 교주인 손병희 사위였던 방정환이 김기전 등과 함께 1921년 5월 1일 천도교 소년회를 만들고, 1923년 5월 1일을 '어린이날'로 제정하여 선포했던 자리에 세계 어린이운동 발상지 건립위원회가 기념비를 세운 것이다.

기념비는 둥근 돌계단 모양으로 된 받침대 위에 높이가 270센티미터이며, '평화로운 미래의 어린이'를 상징한다. 뒤에는 방정환이 했던 이야기를 새겼다.

위치 서울특별시 종로구 삼일대로 457 천도교 중앙대교당 앞

세계 어린이운동 발상지 기념비

최용신 기념관

위치 경기도 안산시 상록구 샘골 서길 6번지

일제강점기에 최용신이 농촌계몽활동을 한 샘골강습소가 있던 상록수 공원 안에 '최용신 기념관'이 있다. 1층에는 최용신이 활동하던 샘골강습소를 복원해 놓았고, 지하층에는 전시실과 영상실이 있다. 최용신은 유품을 하나도 남기지 않아서 전시물들은 최용신 관련 자료나 당시 상황을 알 수 있는 자료들뿐이다.

심훈이 쓴 소설 《상록수》에 등장하는 여주인공인 채영신은 바로 이 최용신을 그린 것이다.

중등학교를 다니면서 가난과 무지, 일제 수탈로 피폐해진 농촌 현실을 보고 샘골 마을로 내려와, 문맹퇴치와 농촌생활을 개선하는 농촌계몽운동을 펼쳤다.

체계적인 농촌계몽운동을 배우기 위해서 일본 유학길에 올랐으나 얼마 후, 각기병에 걸려 다시 샘골 마을로 돌아왔다. 병든 몸을 이

● 최용신 기념관
●● 최용신과 약혼자 김학준 묘

끌고 농촌계몽에 힘쓰다 쓰러져서 스물여섯이던 1935년에 세상을 떠났다. 복원된 샘골강습소 마당에는 1934년에 최용신이 직접 심은 향나무 5그루가 남아 있다. 강습소를 나와 아래로 좀 내려가면 최용신 묘와 약혼자인 김학준 묘가 나란히 있다.

필경사

필경사는 소설가이자 영화인인 심훈이 글을 쓰던 곳으로 농촌계몽 소설인 《상록수》를 비롯해 《영원의 미소》, 《직녀성》을 쓴 곳이다.

심훈은 1932년에 서울 생활을 접고, 아버지가 살고 있는 당진으로 내려와 집을 직접 설계하여 짓고, 필경사라고 이름을 붙였다. '필경(筆耕)'은 사람들 마음을 붓으로 바꾸려고 했던 의지가 담겨 있는 이름이다.

위치 충청남도 당진시 송악읍 상록수길 97

● 필경사 ●● 필경사 내부

이 집은 1930년대에는 흔하지 않은 실내 구조인데, 요즘 아파트와 비슷하게 만든 한옥이다. 그래서 건축을 공부하는 학생들이 자주 찾아온다. 실내에 있는 물건들은 재현품들이며, 미국에 사는 심훈 막내아들이 유품을 기증하기로 결정해서 유품관을 따로 지을 예정이다. 별도로 마련된 상록수 문화관에는 심훈에 관한 자료와 심훈이 활동하던 시기 자료들이 전시되어 있고, 해설사 설명도 들을 수 있다.

 # 국채보상운동기념공원

위치 대구광역시 중구 공평로 10길 25

국채보상운동기념공원 내 서상돈, 이광제 동상

1907년에 대구에서 시작된 애국계몽운동이었던 국채보상운동과 제2의 국채보상운동이라고 부를 수 있는 1997년 IMF 때 '금 모으기

운동'으로 경제난을 극복했던 것을 기념하기 위해 만든 공원이다.

공원에는 국채보상운동을 이끌었던 서상돈, 이광제 동상, 국채보상운동 여성 기념비와 달구벌 대종 등이 있다.

 ## 국채보상운동기념관

국채보상운동기념관은 국채보상운동기념공원 안에 있다. 국채보상운동 정신을 받들고 발전시키자는 목적으로 2011년에 문을 열었다. 지하 1층과 지상 1층으로 이루어져 있다. 당시 상황을 모형으로 만들어 국채보상이 일어난 원인과 결과까지 쉽게 이해할 수 있도록 꾸며 놓았다.

위치 대구광역시 중구 국채보상로 670

국채보상운동기념관

국채보상운동기념비

위치 대구광역시 중구 태평로
대구시민회관 앞 광장

국채보상운동기념비

국채보상운동기념비가 있던 자리는 국채보상운동을 알리는 '대구 군민대회'가 열렸던 장소이다. 기념비 바로 앞 조각상은 모든 백성이 엽전을 모으는 것을 형상화한 것이다. 현재는 시민회관 공사로 기념비가 다른 곳에 보관되어 있지만, 공사가 끝나는 대로 제자리에 옮겨 올 예정이라고 한다.

국립진주박물관

위치 경상남도 진주시 남강로
626–35

진주 남강 변 진주성 안에 있는 국립진주박물관 1층 역사문화실에는 진주 지역에서 일어난 근대민중운동 자료를 볼 수 있다. 그 가운데 '형평운동'은 1923년, 백정들에 의해 일어난 운동으로 가축을 잡고 가죽 제품을 만들어 파는 백정들은 노비나 무당보다 낮은 천민 신분으로 심한 차별을 받았다. 이들은 '계급 없애기, 모욕적인 칭호 없

형평운동 포스터

애기, 교육 장려' 등을 부르짖으며 저울처럼 평등한 사회가 되기를 주장했다. 이런 주장은 인권의식이 성장하는 계기가 되었다.

더 깊이 알기

1. 애국계몽운동이란 무엇을 말하나요?

_____

_____

2. 비밀결사단체 신민회가 하려고 했던 일은 무엇인가요?

_____

_____

3. 신민회가 무너진 까닭은 무엇인가요?

_____

_____

4. 일본에 진 나랏빚을 갚자고 대구에서 일어난 운동은 무엇인가요?

_____

_____

5. 1910년대 일어났던 애국계몽운동은 1920년대가 되면 어떻게 변하나요?

6. 1920년대 언론에서 전개된 실력양성운동에는 어떤 것들이 있나요?

7. 진주에서 백정들에 대한 편견과 교육 차별에 반발하여 일어난 운동은 무엇인 가요?

1. 1910년대 지식인들이 인재양성과 경제발전에 힘썼던 까닭은 무엇일까요?

2. 1910년대 애국계몽운동을 벌이던 지식인들이 1920년대가 되면서 독립이 어렵다고 판단하고 일제가 허용하는 범위 안에서 실력을 키우는 실력양성운동으로 돌아선 까닭은 무엇일까요?

3. 애국계몽운동이나 실력양성운동이 대부분 실패로 끝난 까닭은 무엇일까요?

4. 이번 답사에서 가장 기억에 남는 것은 무엇인지 그린 다음, 그린 까닭을 써 보세요.

가장 기억에 남는 것
그린 까닭

38 국내 독립운동

역사 이야기 일제가 '토지조사 사업'이라는 이름으로 땅을 빼앗고, 헌병경찰제로 강압통치를 하자, 불만이 커지고 있던 1919년 1월 21일에 고종황제가 승하했다. 심장마비라고 했지만, 일본사람들이 고종황제가 마시는 차에 독을 탔다는 소문이 퍼졌다.

1919년 3월 1일에 사람들이 태극기를 들고 '대한독립만세'를 외치며 거리로 쏟아져 나왔다. 이들은 고종황제 장례식을 보러 서울에 와 있던 사람들이다. 일본은 만세를 외치기만 하는 사람들을 총칼로 죽였다.

1919년 4월 15일에는 경기도 화성에 있는 제암리에서 일본 군인과 경찰이 마을 주민 30여 명을 교회에 가두고, 총으로 학살하고는 불을 질렀다. 또 천안 아우내 장터에서 만세를 외치다 체포된 유관순은 서대문 형무소에서 옥

중 투쟁을 벌이다 순국했다. 3.1만세운동은 실패했으나, 독립운동에 나서는 사람들이 많아졌다.

1926년 4월에 순종이 승하하자, 인산일인 6월 10일에 학생들을 중심으로 '일본 제국주의 타도', '토지는 농민에게', '8시간 노동제 채택' 등이 담긴 격문을 뿌리면서 대규모 시위를 벌였다.

1929년 10월 30일에는 나주역에서 한·일 학생들 사이에서 충돌이 일어났다. 일본 경찰이 우리나라 학생들만 잡아들여 탄압하자, 광주에서 학생들이 들고 일어났다. 만주와 일본 유학생들에게까지 퍼져 나갔다.

전국에서 많은 청년 단체가 만들어져서 강연회나 토론회를 열었고, 학교와 강습소, 야학 등을 열어서 사람들을 깨우치려 했다.

방정환은 '천도교 소년회'를 이끌며 5월 1일을 '어린이날'로 선포하고 잡지인 「어린이」를 발간해, 애국심과 독립의식을 심어주는 소년운동을 펼쳤다.

조만식은 1922년에 물산장려회를 세우고 '내 살림 내 것으로', '우리는 우리 것으로 살자'는 구호를 내세우며, 일본 상품을 밀어내고 국산품을 쓰는 운동을 펼쳤다.

일제 수탈로 어려워진 농민들은 소작료 인하와 소작권 보장을 내세우며 일어났다. 그 가운데 암태도 소작쟁의는 처음으로 농민들이 승리한 '소작쟁의'였다.

1929년 1월에는 원산에서 노동자들이 들고 일어난 '원산총파업'은 그해 4월까지 2천여 명이 참여한 대규모 파업이었다.

3.1만세운동으로 시작된 독립운동은 점점 조직적이고 체계적으로 발전했다.

서대문형무소역사관

위치 서울특별시 서대문구
통일로 251

    서대문형무소역사관은 우리 민족이 근현대사에서 겪었던 고통과 수난을 보존해서 전시하고 있다. 일제강점기에는 독립을 위해 일본 제국주의에 맞서 싸웠던 독립운동가들이, 해방이 된 뒤에는 독재 정권에 맞서 민주화를 이루려 했던 민주화 운동가들이 고문을 받으며, 옥고를 치르고 희생당했던 곳이다.

    지하 전시관에는 취조하면서 고문했던 모습들을 전시하고 있으며, 살아남은 독립운동가가 들려주는 증언도 들을 수 있다.

    1층 전시관에는 서대문형무소 변화 과정과 일제강점기에 독립운동가들을, 해방 이후에는 민주화 운동가들을 탄압했던 모습들을 전시하고 있다. 또 기록 영상도 볼 수 있다.

    2층 전시관에는 대한제국 말기부터 해방되던 1945년까지 독립운동을 시기별로 구분하여 전시하고 있고, 사형장이나 지하에 있던 시

서대문형무소역사관

신 수습실을 모형으로 만들어 전시하고 있다. 전시관 이외에도 옥사, 사형장, 수감자 운동장인 격병장들이 있다.

독립기념관

독립기념관은 우리 역사 속에서 수많은 침략에도 굴하지 않았던 독립과 자주정신이 담긴 기록과 자료들이 전시되어 있다. 일본제국주의 침략으로 사람들이 당했던 고통과 나라를 되찾기 위한 독립운동 자료들이 여러 주제로 나뉘어서 전시되어 있다.

제1전시관에는 선사시대부터 조선 후기까지 문화유산과 외세를 막아낸 자료들을 볼 수 있고, 제2전시관에는 근대 문물, 을사늑약 모형 같이 일제 침략과 일본군이 사용했던 장비, 수탈 상황들을 볼

위치 충청남도 천안시 목천읍
삼방로 95번지

독립기념관

수 있다.

　제3전시관에는 의병운동, 애국계몽운동, 국채보상운동 등과 독립
투사들이 직접 쓴 친필 문서도 볼 수 있다.

　제4전시관에는 3.1만세운동을 살펴볼 수 있도록 해 놓았으며, 제5
전시관에는 만주 등에서 펼쳤던 독립운동 자료와 모형물, 그리고 영
상을 볼 수 있으며, 제6전시관은 대한민국 임시정부에 대한 자료들
이 전시되어 있다.

　제7전시관은 관람객과 함께 하는 체험하는 공간으로 첨단 매체를
이용해 역사를 체험해 볼 수 있다.

유관순 열사 기념관

위치 충청남도 천안시 동남구
병천면 유관순길 38

유관순 열사 사당

　2003년 4월 1일에 문을 연 유관순 열사 기념관은 유관순 열사가
형벌을 받은 기록을 적어 놓은 기록표와 재판기록문 등 독립운동 자

료들을 전시하고, 아우내 독립만세운동을 재현해 놓았다. 또 독립선언서에서 내세운 비폭력 평화주의 원칙을 지키며 죽는 순간까지도 자주독립을 위해 투쟁했던 열사와 목숨을 내놓은 사람들이 펼친 3.1 만세운동을 재현해 놓았다.

유관순 열사 생가 터

유관순 열사 기념관을 오른쪽에 두고 차로 한 5분 정도 길을 따라가다 보면 유관순 열사 생가 터가 나온다.

유관순은 1902년 12월 16일에 천안시 동남구 병천면 용두리에서 아버지인 유중권과 어머니 이소제 사이에서 둘째 딸로 태어났다. 선교사에게 도움을 받아 이화학당에서 신학문을 배웠다. 1919년 3.1만

위치 충청남도 천안시 병천면 유관순생가길 18-2

유관순 열사 생가

세운동이 일어나자 만세에 참여했고, 학교에 휴교령이 내려지자, 고향인 병천으로 내려와, 4월 1일 장날에 아우내 장터에서 독립만세운동을 펼쳤다.

  독립만세운동을 계획하는 것을 안 부모님은 어떤 마음이었을까?

제암리 3.1운동 순국기념관

위치 경기도 화성시 향남읍 제암길 50

제암리 3.1운동 순국기념관은 1919년 4월 15일에 일어난 화성시 향남읍 제암 교회 학살 사건을 기리는 기념관이다.

1919년 3월 1일 독립만세운동이 일어난 뒤, 향남읍 제암리 주민을 비롯한 인근 주민들이 발안 장날인 3월 31일과 4월 5일에 독립만세

3.1운동 순국기념관 전경

를 외쳤다. 일본은 만세운동에 가담한 사람 23명을 제암 교회에 가두고, 밖에서 총을 쏜 뒤에 교회에 불을 질렀다. 도망쳐 나오는 사람들을 죽인 뒤에 증거를 없애기 위해서 시신을 불태워 버렸다. 마을도 불태웠다.

1959년 4월에 이를 알리기 위해 기념비가 세워졌고, 1983년에 기념탑도 새로 세웠다. 기념관은 2001년에 개관하였고, 제1전시실에는 제암리 학살 사건 배경과 증언 자료가, 제2전시실에는 1910~1092년까지 일제 만행과 대한민국 임시정부에 대한 자료들이 전시되어 있다.

 볼거리   순국 23인 상징 조형물에 담긴 의미는 무엇일까?

 # 보성사 터

위치 서울특별시 종로구
우정국로 55

보성사는 보성 중학교에 있던 출판사다. 보성 중학교는 왕실 재정을 맡아 관리하던 내장원경을 지낸 이용익 선생이 1906년에 학교를 일으켜 나라를 부흥시킨다는 '흥학교이부국가(興學校而富國家)'를 내세우며 세운 사립학교다. 보성사에서는 보성 중학교에서 쓰는 교과서를 만들고, 밖에서 요청이 들어오는

보성사 터 표지석

출판물도 인쇄했다.

1910년에 천도교에서 보성 중학교와 출판사인 보성사를 인수했다. 1919년 3.1운동 때에는 「기미독립선언서」를 밤새워 인쇄해서 전국에 나누어 주었다. 『조선독립신문』 제1호도 이곳에서 인쇄했다.

1919년 6월 28일 일본은 보성사를 불태워 버렸고, 지금은 공원으로 꾸며진 곳에 보성사 터 흔적을 알리는 표지석만 볼 수 있다.

 생각거리 보성사에서 밤새워 독립선언서를 만든 사람들의 마음은 어떠했을까?

구 나주역·나주학생독립운동 기념관

위치 전라남도 나주시 죽림길 34

구 나주역 전경

구나주역은 일제강점기 때 학생독립운동이 시작된 곳이다. 1929년 10월 30일, 나주역에서 광주로 통학하던 광주 중학교 3학년인 후

쿠다 슈조를 비롯한 일본 학생이 광주여고보 3학년인 이광춘과 박기옥을 희롱했다. 이 모습을 본 광주고보 2학년이던 박기옥 사촌 동생 박준채가 후쿠다 슈조를 비롯한 일본 학생들과 난투극을 벌였다. 일본 경찰이 일방적으로 우리나라 학생들만 검거하고 탄압하자, 광주에서 모든 학생들이 들고 일어나 독립만세를 외쳤다.

이를 계기로 학생들이 벌였던 항일투쟁은 만주뿐만 아니라, 일본 유학생들에게까지 퍼져 나갔다. 옆에 있는 나주학생독립운동 기념관에는 학생운동 전개 과정이 전시되어 있다.

이것도 보고 오세요

아우내 독립만세운동 기념비

(충청남도 천안시 병천면 병천리 산 73-2)

아우내 독립만세운동은 호서 지방에서 일어난 독립운동 중에서 가장 큰 만세운동이다. 1919년 3월 31일 밤 유관순 열사는 매봉산에 올라가서 봉화를 밝혔고, 이것을 신호로 4월 1일 정오 아우내 장터에서 3천여 명이 독립만세를 불렀다. 이를 기리기 위해서 1947년 11월 26일 구미산에 세웠다.

아우내 독립만세운동 기념비

더 깊이 알기

1. 고종황제가 승하하신 날은 언제인가요?

_____

_____

2. 독립선언서가 인쇄된 곳은 어디인가요?

_____

_____

3. 일본 군인과 경찰이 마을 주민을 교회에 가두고 학살한 곳은 어디인가요?

_____

_____

4. 일제강점기에 전라도 일대에서 열린 가장 큰 만세운동은 무엇인가요?

_____

_____

5. 유관순 열사가 고문을 이기지 못하고 순국한 곳은 어디인가요?

6. 1920년대 대표적인 소작쟁의는 무엇인가요?

7. 식민지 공업화 정책 때문에 1929년에 일어난 가장 큰 노동투쟁운동은 무엇인가요?

생각해보기

1. 백성들이 '대한독립만세운동'을 1910년 한일병합 때에 벌이지 않고, 고종이 승하하신 후에 벌인 까닭은 무엇일까요?

2. 일본이 제암리에서 학살을 한 뒤에 은폐하려고 했던 까닭은 무엇일까요?

3. 학생들이 6.10만세운동을 순종 인산일로 택한 까닭은 무엇일까요?

4. 독립기념관 겨레 큰마당에 재현해 놓은 광개토대왕릉비에 새겨진 비문처럼 우리나라를 위해 목숨을 바치신 독립운동가들을 기리는 비문을 써 보세요.

비문

39 일제에 맞선 무장 투쟁

역사 이야기 1895년에 명성황후가 일본 사람들에게 죽임을 당한 을미사변이 일어나고 단발령이 내려지자, 전국에서 의병이 일어났다. 가장 먼저 일어난 사람은 유인석으로 제천과 충주에서 일본군과 맞서 싸웠다.

1905년에 을사늑약이 맺어지자, 강원도 홍천에서 민종식, 경상북도 산남(영천)에서 정환직, 경주에서는 최익현, 평해에서는 신돌석, 전라북도 태인에서는 임병찬 등이 백성들을 이끌고 일어났다.

1907년에 고종황제가 강제로 물러나고 군대가 해산되자 많은 군인들이 의병이 되면서 무기도 좋아지고 전술도 발전했다. 이인영을 총대장으로 삼은 전국 의병 연합군은 '13도 창의군'이라 이름을 붙이고 서울로 진격하려 했으나, 실패하고 말았다. 뛰어난 무기와 잘 훈련된 일본군에게 쫓겨 압록강이나 두만강을 건너 중국이나 만주로 밀려났지만, 무장 투쟁을 멈추지 않았다.

1909년에 안중근은 이토 히로부미가 우리나라를 침략하는 원흉이라 여기고 하얼빈 역에서 저격했다.

1910년에 나라를 빼앗기자, 이회영 형제들은 전 재산을 팔아 만주로 망명해서 독립군 간부 양성학교인 신흥무관학교를 세웠다. 3.1만세운동이 일어나자 독립에 대한 열망이 더욱 커졌다. 중국 상하이에 대한민국 임시정부가 들어섰고, 만주에서도 의병활동이 활발하게 일어났다.

1920년에는 봉오동에서 홍범도, 청산리에서는 김좌진이 이끄는 독립군이 일본군을 크게 물리쳤다. 이들 전투에서 큰 공을 세운 사람들이 바로 신흥무관학교 출신들이었다. 김원봉은 '적을 한 놈이라도 쏘아 죽여야 해방이 온다'는 믿음으로 비밀무장단체인 의열단을 만들었다. 이들은 일본 왕이나 고위관료, 친일파 등을 죽이고 조선총독부를 비롯하여 침략을 하기 위해서 세운 관공서를 파괴하는 것을 목표로 삼았다. 박재혁이 부산 경찰서에 폭탄을 던져 부산 경찰서장을 죽인 것을 비롯해 밀양 경찰서, 조선총독부, 종로 경찰서, 동양척식회사, 식산 은행 등과 도쿄 니주바시에 폭탄을 던지는 의거로 이어졌다.

1932년에 김구가 이끄는 한인애국단원이 된 이봉창은 일본 왕을 향해 폭탄을 던졌으나, 실패하여 순국하였고, 윤봉길은 상하이를 점령한 일본군이 승전 기념식을 하는 자리에 폭탄을 던져 일본 장군들과 고위 관료들을 죽였다.

일본이 태평양전쟁을 일으키자, 김구와 김원봉은 독립군들을 모아 한국 광복군을 창설하고, 일본을 향해 선전포고를 했다.

안중근 의사 기념관

위치 서울특별시 중구 소월로 91

1909년 10월 26일에 러시아 하얼빈에서 우리나라를 침략한 원흉인 이토 히로부미를 죽이고, 뤼순 감옥에서 순국한 안중근 의사를 기념하는 곳으로 남산 도서관 앞 백범광장에 자리 잡고 있다.

국채보상운동과 교육운동 등에 나섰던 애국계몽운동가였고, 항일 의병장이었던 안중근 의사를 더 깊이 알 수 있는 곳이다.

중앙홀에 들어서면 안중근 의사가 손가락을 잘라 맹세한 단지회 동지들과 피로 '대한독립'이라고 쓴 태극기와 순국할 때 입었던 옷을 그대로 입은 안중근 의사상이 자리 잡고 있다.

안중근 기념관

윤봉길 기념관

양재동 '시민의 숲' 안에 자리 잡고 있으며, 정문으로 들어서면 정면에 기념관이 있고, 기념관 왼쪽 숲속에는 윤봉길 의사 동상이 있다.

충남 예산에서 태어나 농촌계몽운동을 하던 윤봉길 의사는 일제가 감시와 탄압으로 방해하자 '장부출가생불환(丈夫出家生不還−장부가 집을 나가면 뜻을 이루기 전에는 돌아오지 않는다)'이라는 글을 남기고 중국 상하이로 가서 김구가 이끄는 한인애국단에 들어갔다. 1932년 상해에 있는 홍커우 공원에서 일본 왕 생일과 일본군이 상하이를 점령한 것을 축하하는 기념식장에 도시락 폭탄을 던져서 일본 장군들과 고위 관료들을 처단했다.

위치 서울특별시 서초구 매헌로 99

윤봉길 의사 동상

효창공원과 백범기념관

일제에 맞선 순국선열을 기리는 공원으로 애국선열들 영정을 모신 의열사가 있고, 이동녕, 조성환, 차리석 선생 묘역인 임정 요인 묘와

위치 서울특별시 용산구 임정로 26

● 삼의사 묘
●● 이봉창 의사 동상
●●● 백범기념관

백정기, 이봉창, 윤봉길 의사 묘와 안중근 의사 가묘가 있는 삼의사 묘, 그리고 김구 선생 묘가 있다.

또 입구에서 왼쪽으로는 백범기념관과 이봉창 의사 동상이 자리 잡고 있다.

백범기념관에 들어서면 커다란 태극기 앞에 하얀 옷을 입은 김구상이 자리 잡고 있으며, 김구 선생이 독립운동에 바쳤던 삶을 살필 수 있는 전시물들이 전시되어 있다.

 ## 동양척식회사 터

1926년 12월 26일, 나석주 열사가 폭탄을 던진 동양척식회사 경성 지사가 있던 곳으로 지금은 외환은행 본점이 자리 잡고 있다.

의열단원이었던 나석주 열사는 우리나라 사람들을 수탈하는 식산 은행과 동양척식회사를 파괴하기 위하여 폭탄을 던지고 자결했다. 폭탄이 불발되어 비록 의거는 실패했으나 일제에 맞선 강한 의기를 보여 주었다.

위치 서울특별시 중구 을지로 66. 외환은행 본점 옆

나석주 열사 상

더 깊이 알기

1. 일제에 맞서 무기를 들고 일어난 사람들을 무엇이라고 부르나요?

2. 1907년에 군대가 해산되자 의병들 무기와 전술이 더욱 발전한 까닭은 무엇인가요?

3. 이인영을 총대장으로 삼아 일본군을 몰아내기 위해 서울로 진격했던 전국 의병 연합군 이름은 무엇인가요?

4. 우리나라를 침략한 원흉인 이토 히로부미를 러시아 하얼빈에서 저격하여 죽인 사람은 누구인가요?

5. '적을 한 놈이라도 쏘아 죽여야 해방이 온다'는 믿음으로 의열단을 만들고 나중에 김구와 함께 한국 광복군을 창설한 사람은 누구인가요?

6. 김구가 이끄는 한인애국단 단원이 되어서 일본 왕에게 폭탄을 던진 사람은 누구인가요?

7. 일본 왕 생일을 축하하고 일본군이 상하이를 점령한 것을 기념하는 식이 열리는 홍커우 공원에서 폭탄을 던져 일본군 장군과 고위 관료들을 처단한 사람은 누구인가요?

1. 나라를 구하려는 마음으로 일어난 의병들이 결국에는 패하고 만 까닭은 무엇일까요?

2. 이회영 형제들이 전 재산을 팔아서 중국으로 망명한 다음 신흥무관학교를 세운 까닭은 무엇일까요?

3. 김구와 김원봉이 한국 광복군을 창설한 까닭은 무엇일까요?

4. 이번 답사에서 가장 기억에 남는 것은 무엇인지 그린 다음, 그린 까닭을 써 보
   세요.

가장 기억에 남는 것
그린 까닭

40 저항으로 맞선 시인들

만해 한용운은 어릴 적 이름이 '유천'이다. 어린 시절 동학농민운동으로 인해 아버지와 형을 잃었으나, 백성들을 보살피며 의롭게 살아야 한다는 아버지 유언에 따라 뜻을 펼치려고 했다. 기울어져 가는 나라를 위해 무엇을 해야 할지 고민하다가 백담사에 들어가 승려가 되었다.

'용운'이라는 불교식 이름을 받고, 강연을 다니며 독립의식을 드높이려 했다. 3.1만세운동 때에는 민족 대표 33인으로서 독립선언서를 발표하고 일본 경찰에 체포되었다. 고문을 받고 죽을 고비를 맞으면서도 "변호사를 대지 말고, 사식을 먹지 말고, 보석을 요구하지 말자"고 하였고, 재판정에서도 일본인들에게 호통을 치며 꿋꿋한 뜻을 꺾지 않았다. 감옥에서 나온 뒤에 '님의 침묵', '복종' 같은 시를 발표하며 많은 사람들에게 독립정신을 불러일으켰다.

이육사는 본명이 '원록'으로 경북 안동 출신이다. 이육사는 형제들과 함께 의열단에 가입하고 감옥에도 열일곱 번이나 들어갔지만, 독립운동을 멈추지 않았다. 모진 고문을 받으면서도 뜻을 전혀 굽히지 않았고, 감옥에서도 시를 썼다. 육사라는 호는 감옥에 있을 때 수감 번호인 264를 호로 정한 것이다. '광야', '청포도' 같은 시와 한시, 시조, 시나리오도 썼다. 만주와 중국에서 독립운동을 펼치다가 일본군에게 붙잡혀 북경 감옥에서 순국했다. 1946년에 《육사시집》이 나왔다.

윤동주는 두만강 건너 만주 땅인 북간도에서 태어났다. 어린 시절에 명동 소학교를 다니면서 민족의식을 키웠는데, 평양에 있는 숭실 중학교에 다닐 때는 일본 왕을 받드는 신사참배를 거부해서 학교에서 쫓겨나기도 했다.

일본이 우리말과 우리글을 못 쓰게 하며, 민족혼을 없애려 하였는데, 윤동주는 우리말로 우리 정신을 담은 시를 썼다. 나라 잃은 슬픔과 나라를 위해 아무 것도 하지 못하는 부끄러운 마음을 시로 표현했다. '서시', '별헤는 밤', '참회록' 등 18편을 모아 《하늘과 바람과 별과 시》라고 이름을 붙이고 출간하려 했으나, 뜻을 이루지 못하고 일본 유학길에 올랐다.

군인이 되어 일본군 활동과 무기 사용법을 배워 일본군을 혼란에 빠트리려고 했으나, 미리 눈치 챈 일본 경찰에 붙잡히고 말았다. 후쿠오카 형무소에서 날마다 이상한 주사를 맞으며 몸이 야위어 가다가 죽음을 맞이했다. 죽은 지 3년 뒤에 《하늘과 바람과 별과 시》라는 유고 시집이 나왔다.

심우장

위치 서울특별시 성북구
성북로 29길 24

심우장은 서울시 기념물 제7호로 지정된 곳으로 만해 한용운이 1933년부터 1944년까지 살다가 세상을 떠난 집이다. '심우'는 불교 수행 그림으로 소를 찾는 동자가 산속을 헤매는 모습을 비유한 심우도에서 따온 것이다. 한용운이 조선총독부 건물을 마주보기 싫어서 일부러 북향으로 지었다. 건물 형태는 정면 4칸, 측면 2칸이며 중앙에 대청 2칸을 두고 왼쪽에는 서재로 쓴 '심우장'이 있고, 오른쪽에는 부엌 1칸이 있다. 그리고, 마당 한 켠에는 한용운이 손수 심은 향나무가 한 그루 있다. 이곳에는 3.1독립운동 때 발표했던 공약삼장과 한용운 초상화를 볼 수 있다. 이곳에서 독립운동가인 일송 김동삼 장례가 치러지기도 했다.

심우장

심우장 입구 만해기념비와
동상

 ## 남한산성 만해기념관

남한산성 안에 자리 잡고 있는 만해기념관은 심우장에 있던 만해 한용운 선생 자료와 연구서들을 체계적으로 수집, 정리한 곳이다. 사용하던 책과 저술, 독립운동 관련 자료와 일화 등을 살펴볼 수 있다. 이곳에는 『님의 침묵』 초간본이 있고, 160여 종에 이르는 판본과 그 외 800여 편이 넘는 연구서 등을 살펴볼 수 있다. 만해에 대한 새로운 면을 발견하는 특별 기획전도 열고 있다. 만해에 대한 기념물은 설악산에 있는 백담사에서도 살펴볼 수 있다.

위치 경기도 광주시 중부면
남한산성로 792번길 24-7

남한산성 만해기념관

 생각거리 한용운 시집 제목은 『님의 침묵』입니다. 여기서 님이란 무엇을 의미하는 것일까요?

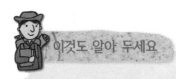

알 수 없어요

한용운

바람도 없는 공중에 수직(垂直)의 파문을 내이며 고요히 떨어지는 오동잎은 누구의 발자취입니까.

지리한 장마 끝에 서풍이 몰려가는 무서운 검은 구름의 터진 틈으로 언뜻 언뜻 보이는 푸른 하늘은 누구의 얼굴입니까.

꽃도 없는 깊은 나무에 푸른 이끼를 거쳐서 옛 탑(塔) 위의 고요한 하늘을 스치는 알 수 없는 향기는 누구의 입김입니까.

근원을 알지도 못할 곳에서 나서 돌부리를 울리고 가늘게 흐르는 작은 시내는 구비구비 누구의 노래입니까.

연꽃 같은 발꿈치로 가이 없는 바다를 밟고 옥같은 손으로 끝없는 하늘을 만지면서 떨어지는 해를 곱게 단장하는 저녁놀은 누구의 시(詩)입니까.

타고 남는 재가 다시 기름이 됩니다. 그칠 줄을 모르고 타는 나의 가슴은 누구의 밤을 지키는 약한 등불입니까.

 생각거리 위의 시를 읽고 느낀 점은 무엇인가요?

 이육사 기념관과 이육사 기념비

위치 경상북도 안동시 도산면
원촌리 백운로 525

시인이자 독립운동가였던 이육사가 살았던 모습과 문학세계, 독립운동을 한 발자취를 엿볼 수 있는 기념관이다. '생애' 코너에서는 삶

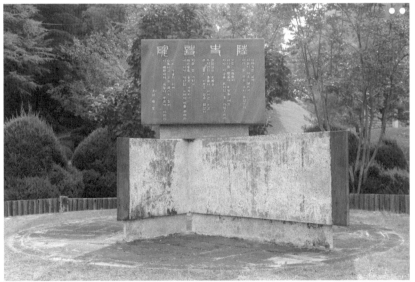

● 이육사 기념관
●● 이육사 기념시비

을 살펴볼 수 있고, '문학세계'에서는 시, 소설, 수필 같은 문학작품
을 볼 수 있다. '독립운동' 코너에서는 항일운동을 하던 과정을 살펴
볼 수 있다.

　　중국 북경에서 유월한국혁명동지회에 참가해 조직 활동을 펼쳤고,

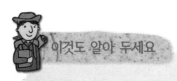

광야

이육사

까마득한 날에
하늘이 처음 열리고
어데 닭 우는 소리 들렸으랴

모든 산맥들이
바다를 연모해 휘달릴 때도
차마 이 곳을 범하던 못하였으리라

끊임없는 광음을
부지런한 계절이 피어선 지고
큰 강물이 비로소 길을 열었다

지금 눈 내리고
매화 향기 홀로 아득하니
내 여기 가난한 노래의 씨를 뿌려라

다시 천고의 뒤에
백마 타고 오는 초인이 있어
이 광야에서 목놓아 부르게 하리라.

 생각거리　　위의 시를 읽고 느낀 점은 무엇인가요?

조선 은행 대구지점 폭파 사건에도 참여해 대구 형무소에서 1년 7개

월동안 옥고를 치루기도 했다. 그때 수인 번호인 264번을 따서 '육사

(陸史)'라는 호를 지었다.

　북경과 남경에서 의열단원으로 활동했고, 1943년 중국에서 체포

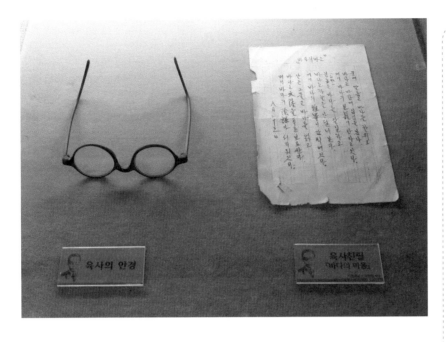

이육사가 썼던 안경과 친필

되어 북경 주재 일본 영사관 감옥에서 순국했다.

생가인 육우당 모형도 볼 수 있다. 안동댐 민속촌 입구에는 이육사 시비가 있다.

 ## 이육사 생가

이육사 생가는 원래 안동군 도산면 원천동에 있었는데, 1976년에 안동댐이 생기면서 수몰되어 지금 자리로 옮겨 왔다. '一'자형으로 된 안채와 사랑채가 평행으로 배치되어 있는데, 똑같은 모양으로 되어 있다. 사랑채와 안채는 서로 지붕이 맞닿을 정도로 가깝게 붙어 있고, 그 사이에 대문간을 만들었다. 그러나 지금 자리로 생가를 옮기

위치 경상북도 안동시
포도길 8

이육사 생가

면서 일각문(一角門) 자리에 대문을 내고 원래 대문은 없어졌다. 원천리 생가 터에는 육사 시비가 있다.

 생각거리 이육사 생가를 보면 시인이 태어난 생가가 제대로 관리되지 못하고 있다는 것을 느낄 수 있습니다. 이렇게 방치되는 까닭은 무엇일까요?

윤동주 기념관과 윤동주 시비

위치 서울특별시 종로구 창의문로 119

　시인 윤동주가 연희전문학교를 다닐 때, 종로구 누상동에 있는 소설가 김송 집에서 하숙을 했다. 당시 윤동주는 종종 인왕산에 올라가 시상을 떠올리기도 했는데, 그런 이유로 인왕산 자락에 버려져 있던 청운수도 가압장과 물탱크를 개조해서 만든 것이 윤동주 문학관이다.

● 윤동주 시비
●● 윤동주 기념관

이곳에는 중국 길림성 화룡현 명동촌에서 출생한 윤동주 시인이 살던 마을에서 가져온 우물도 볼 수 있다. 그리고 출생과 활동, 시세계를 한눈에 볼 수 있는 영상물도 감상할 수 있다. 문학관을 나서면 '시인의 언덕'이라는 산책로가 있다. 윤동주 시비는 연세대학교 교정에 가면 볼 수 있다.

 생각거리   시인은 이곳 언덕을 걸으면서 무슨 생각을 했을까요?

더 깊이 알기

1. 일제강점기 시를 통해 우리 민족에게 저항의식을 심어준 시인들은 누구인 가요?

_____

2. 만해 한용운이 기울어져 가는 나라를 위해 무엇을 해야 할지 고민하다가 들 어간 절은 어디인가요?

_____

3. 만해 한용운이 지은 대표적 시에는 어떤 것이 있나요?

_____

4. 이육사 본명은 이원록인데 호인 육사는 어디에서 따온 것인가요?

_____

5. 이육사가 지은 대표 시에는 어떤 것이 있나요?

_____

6. 이육사가 형제들과 함께 가입한 독립단체 이름은 무엇인가요?

7. 윤동주가 태어난 고향인 두만강 북쪽에 있는 지역은 어디인가요?

8. 윤동주가 지은 대표 시에는 어떤 것이 있나요?

9. 윤동주가 죽은 뒤에 출간된 시집 이름은 무엇인가요?

1. 만해 한용운이 감옥에서 "변호사를 대지 말고, 사식을 먹지 말고, 보석을 요구하지 말자"라고 요구한 까닭은 무엇이라고 생각하나요?

   _____

   _____

2. 이육사는 무장독립투쟁을 하면서 다양한 시나 언론활동 등도 했습니다. 한 가지도 하기 힘든데 다양한 활동을 한 까닭은 무엇일까요?

   _____

   _____

3. 윤동주는 자신이 처한 현실을 두고 스스로를 부끄럽다고 했습니다. 그 까닭은 무엇이라고 생각하나요?

   _____

   _____

4. 이번 답사에서 가장 기억에 남는 것은 무엇인지 그린 다음, 그린 까닭을 써 보세요.

가장 기억에 남는 것

그린 까닭

41 해방과 좌우대립

역사 이야기 1945년 8월 15일, 한반도는 36년 동안 일제강점으로부터 해방을

맞이했다. 하지만 냉전이라는 체제 아래, 38도 선을 경계로 남쪽

에는 미국이, 북쪽에는 소련이 주둔함으로써 남과 북은 둘로 갈라져 버렸다.

이미 여운형이 세운 조선건국준비위원회(이하 건준)와 김구가 이끄는 대한민

국 임시정부는 독립국가 건설을 준비하고 있었으나, 미군정은 건준과 대한민

국 임시정부를 모두 인정하지 않고 친일 관료와 친일 경찰을 다시 임용하는

등 우익 세력들을 지원했다.

　결국 건준은 좌익과 우익으로 나뉘어 분열했고, 전국인민대표자회의를 통

해 '조선인민공화국'을 선포했다. 그러나 1945년 12월에 모스크바 3국 외상 회

의를 통해 미, 소, 영, 중 4개국은 한반도 신탁통치 실시와 미소공동위원회

설치를 결정했다. 신탁통치 결정에 대한 좌우대립이 심해졌다. 대립을 막기 위해서 김구와 김규식을 중심으로 좌우합작운동도 일어났지만, 실패로 돌아가자 갈등은 더욱 심해지기만 했다.

두 차례에 걸친 미소공동위원회는 결국 결렬되었고, 남한만 선거를 하기로 결정되었다. 1947년에 관덕정에서 열린 3.1절 기념식에서 경찰이 쏜 총에 사람이 죽고 다치는 사건이 있었다. 이로 인한 파업과 시위를 진압한 경찰과 극우 반공 단체인 서북청년단에 의한 탄압과 횡포로 제주도 민심은 미군정에 등을 돌리고 있었다. 그런데 남한만 선거를 하자고 하자, 1948년 4월 3일에 무장봉기가 일어났다.

제주도에서 5.10총선거가 무산되자, 이승만 정부는 제주도에 계엄령을 내렸고, 군인과 경찰, 서북청년단은 저항할 힘도 없는 노인과 여자, 어린이들까지 3만 명이나 무차별 학살했다. '제주 4.3항쟁'은 2000년에 와서야 '진상규명 및 희생자 명예회복위원회'가 구성되어 민간인 학살 책임을 물을 수 있게 되었다.

1948년 10월에는 4.3항쟁 진압을 명령받은 여수, 순천 지역 군인들이 출동을 거부하며 들고 일어났다. 군인과 경찰은 반란 진압을 핑계로 수많은 민간인들을 학살했고, 봉기한 사람들은 지리산으로 들어가 빨치산 투쟁을 이어갔다.

'제주 4.3항쟁'과 '여순사건'이 일어난 뒤 이승만 정권은 반공주의를 앞세우며 좌익을 억압했고, 군대 안에 있는 좌익을 숙청하는 '숙군사업'으로 수많은 사람들이 희생되었다.

관덕정

위치 제주특별자치도 제주시
관덕로 19

1947년 3월 1일, 관덕정에서 열린 3.1절 기념 집회 중 기마 경찰 말 발굽에 어린아이가 치였는데도 아무 조치도 취하지 않은 것을 본 제주 주민들이 돌을 던지며 항의하자, 경찰은 시위 군중들에게 발포했고, 그 자리에서 주민 6명이 사망했다.

이 사건은 제주 지역에서 총파업으로 번져나갔고, 결국 4.3항쟁이 일어나는 도화선이 되었다. 1949년 6월에 무장대 사령관인 이덕구가 토벌대와 전투 중에 오라리에서 사살되자, 토벌대는 시신을 관덕정 앞 광장 십자형 틀에 매달아 전시하여 제주 도민들에게 공포심을 심어 주었다.

관덕정

너분숭이 애기무덤

북촌리는 조천읍에 있는 해변 마을로 해방 뒤에 건준, 인민위원회 활동이 가장 활발했던 곳 중 하나이다. 4.3항쟁 동안 5백 명이 넘는 주민이 토벌대에게 학살당했고, 가장 피해가 큰 마을로 기록되어 있다.

1949년 1월 17일 무장대는 토벌대를 기습했고, 그 과정에서 군인 2명이 피살당하자, 토벌대 2개 소대가 북촌 마을 집집마다 불을 지르

위치 제주특별자치도 제주시
조천읍 북촌 3길 3

● 너분숭이 애기무덤
●● 너분숭이 4.3기념관
●●● 『순이삼촌』 문학비

고, 주민들을 북촌 초등학교에 모이라고 했다. 토벌대장이 명령을 내리자, 저항할 능력이 없는 남녀노소 5백여 명이 그 자리에서 희생되고 말았다. 죽은 사람 수가 워낙 많아서 시체들을 둘레에 가매장했고, 아기들은 너분숭이 일대에 가매장하여 '애기무덤'으로 남아 있다.

2009년 4.3유적지 정비 사업에 따라 이곳에는 너분숭이 4.3기념관이 세워졌고, 근처에는 북촌사건을 배경으로 4.3항쟁을 알린 현기영 소설『순이삼촌』문학비가 세워졌다.

낙선동 4.3성

위치 제주특별자치도 제주시 조천읍 선흘 서 5길 7

1948년 11월부터 제주 중산간 일대 마을들은 토벌대에 의해 철저히 파괴되었고 선흘리 역시 마을이 모두 불타 없어지며 수많은 피해를 입었다.

1949년에는 재건 명령에 따라 500미터 길이로 성을 쌓았는데, 무

● 낙선동 4.3성 외벽
●● 낙선동 4.3성 내부

장대 습격을 막고 주민들을 통제하기 위한 수용소나 다름없었다.

성은 직사각형 모양으로 모서리마다 망루를 만들어 무장대 습격에 대비했고, 성벽에는 총구멍도 만들어졌다. 성 밖에는 깊이가 2미터나 되는 해자를 파서 가시덤불을 놓고 무장대를 막으려 했다.

당시 성을 쌓는 데에 동원된 주민들은 돌을 직접 등짐으로 날랐으며, 성안에서 생활도 비참했다. 젊은 남자들이 거의 희생되고 없어서 성을 지키는 일은 부녀자와 노인들이 맡았다.

백조일손지묘

백조일손지묘는 '조상이 다른 132명 할아버지 자손들이 한 날 한 시 한 곳에서 죽어 뼈가 엉켜 하나가 되었으니 한 자손'이라는 뜻이다.

1950년에 한국전쟁이 일어나자 '적에게 동조할 가능성이 있는 자에 대한 예비 검속'이라는 명목 아래 죄 없는 제주도민 252명을 섯알오름에서 아무런 법적 절차도 없이 무참히 총살해서 산에 암매장하거나 바다에 버렸다.

그 가운데에서 모슬포 경찰서에 예비 검속 되어 총살당한 시신은 돌무더기 속에 암매장 된 채 7년 동안 출입금지를 당하는 수모를 겪었다.

위치 제주특별자치도 서귀포시
송악관광로 143번길

백조일손지묘

1956년 5월에 유가족이 149위를 수습해, 그 가운데 132위를 상모리에 안장하며 '백조일손지묘'를 만들었다.

1961년 6월 15일에 5.16군사정권은 군경이 저지른 만행 흔적을 없애려고 묘비를 파괴하였고, 묘를 옮기라고 유족들을 협박해서 그 가운데 23위를 이장하게 했다. 2002년 4월, 41년 만에 23위 중 7위를 다시 이장해 왔다. 1993년 8월에 다시 세워진 위령비와 함께 군사정권이 파괴한 묘비 파편들도 전시되어 있다.

 # 제주 4.3평화공원

위치 제주특별자치도 제주시
명림로 430

4.3민중항쟁 60주년을 맞은 2008년에 4.3항쟁을 기리기 위해서 세웠다.

제주 4.3평화기념관, 위령탑, 위령제단, 위패봉안소, 행불인표석, 봉안관으로 이루어져 있다. 4.3평화기념관은 제1관 프롤로그에서 제

● 4.3평화기념관 ●● 4.3백비

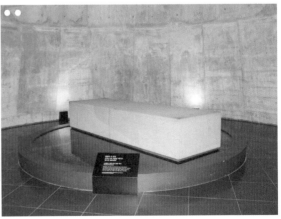

● 4.3행방불명 희생자표석
●● 다랑쉬 특별 전시관

6관 에필로그까지 4.3항쟁을 시간 순서대로 전시해서 평화와 인권을 생각할 수 있도록 해 놓았다. 또한 특별관은 4.3역사를 재조명했으며, 다랑쉬 특별 전시관은 1948년 민간인 11명이 토벌대에 의해 질식사한 다랑쉬 동굴을 그대로 재현해서 무고한 민간인이 희생당한 상황을 볼 수 있도록 해 놓았다.

 # 만성리 학살지

여순사건이 발발한 후 군경 진압군은 1948년 11월부터 여순사건에 동조했다면서 수백 명을 만성리에 끌고와 학살했다. 시체는 만성리 골짜기에 흙, 모래, 돌로 암매장했다. 사람들이 골짜기를 지날 때마다 작은 돌을 던져 넣어 희생자들 넋을 위로했다고 한다.

2009년 10월 19일 유족회는 61년 만에 여순사건 희생자 위령비를 세우고 추모 행사를 열었다.

위치 전라남도 여수시 만흥동 산 272-1

만성리 학살지 위령비

위령비 뒷면에는 말줄임표만이 새겨져 있는데 이는 나라에서 반대하여 '학살'이라는 용어를 쓸 수 없었기 때문이라고 한다. 비문을 썼던 시인 김진수는 "여수시의 반대로 넣지 못한 문구 대신 새긴 점 여섯 개가 나의 시이며, 이는 고인들의 억울함을 함축하고 있는 의미이다"라고 밝혔다.

 ## 만성리 형제 묘

위치 전라남도 여수시 만흥동 산 269-2

위령비를 지나 만성리 해수욕장 쪽으로 조금만 더 가면 있는 형제 묘는 학살이 일어난 뒤에 시신을 찾을 수 없었던 유가족들이 죽어서라도 형제처럼 함께 있으라는 의미로 학살이 있었던 자리에 묘를 만들어 붙인 이름이다.

1949년 1월 3일 여순사건 부역 혐의자로 종산 국민학교에 수용되었던 사람들 중 125명이 이 자

만성리 형제 묘

리에서 학살당한 후 불태워졌다.

　제주 백조일손지묘를 연상케 하는 형제 묘 역시 진실규명이 온전히
이루어지지 않은 채 '형제 묘'라 쓰인 비석만 덩그러니 남아 있다.

이것도 보고 오세요

마래 터널

　만성리 학살지와 형
제 묘 둘레에는 1926년
일제가 군사도로로 이
용하기 위해 현지 주민
과 중국인을 강제 동원
하여 뚫은 마래 터널이
있다. 당시 일제는 다이
너마이트와 정을 이용
하여 터널을 만들었고

망치와 정으로 깨서 만든 흔적이 그대로 남아 있다.

　차선이 하나로 되어 있는데 터널 안에 차량 대기소가 5개가 있어 양쪽에서
서로 피해가야 하는 위험한 터널이기도 하다.

더 깊이 알기

1. 1945년 8월 15일 해방을 맞은 한반도는 곧 38도선을 경계로 (   )과 (   )
   이 주둔하면서 남과 북으로 갈라졌다.

_____

2. 해방 후 여운형을 중심으로 독립국가 건설을 준비하려고 만든 단체는 무엇인
   가요?

_____

_____

3. 1945년 12월 한반도 신탁통치를 논의하기 위해 모스크바에서 열린 회의는 무
   엇인가요?

_____

_____

4. 남한만 단독 선거를 하는 것에 반대하여 제주도에서 일어난 봉기는 무엇인가요?

_____

5. 2000년에 제주 4.3항쟁 진실을 규명하려고 만들어진 기구는 무엇인가요?

6. 1948년 10월에 제주 파병을 거부하며 여수, 순천 지역 군인들이 들고 일어난 사건은 무엇인가요?

7. 제주 4.3항쟁과 여순사건 이후 이승만 정권이 내세운 정책은 무엇인가요?

생각해보기

1. 해방을 맞았음에도 미국과 소련에 의해 남과 북으로 갈라진 까닭은 무엇일까요?

_____

_____

_____

2. 제주도 4.3항쟁에 참여한 유격대는 500여 명에 불과했는데 3만 명이 넘는 민간인이 희생된 까닭은 무엇일까요?

_____

_____

3. 1948년에 일어난 4.3항쟁이 2000년에 와서야 민간인 학살에 대한 책임을 물을 수 있었던 까닭은 무엇일까요?

_____

_____

4. 제주 4.3항쟁과 여순사건에서 무고하게 희생된 많은 민간인들을 위해 나만의

   비문을 만들어 보세요.

42 대한민국 정부 수립

역사 이야기 남한을 점령한 미군은 일제강점기 동안 나라 밖에서 우리나라 독립운동을 이끌었던 대한민국 임시정부와 해방과 동시에 독립된 나라 세우기에 앞장섰던 '조선건국준비위원회' 같이 우리나라 사람들이 만든 정치기구를 인정하지 않았다. 미군은 친일파를 몰아내고, 자주국가를 세우려는 우리나라 사람들 생각에는 관심이 없었고, 잘 관리하기만 하면 된다고 생각했다. 그래서 총독부에서 일했던 친일파인 사람들 대부분을 다시 임용했다.

1945년 12월 소련 수도 모스크바에서 미국, 영국, 소련 세 나라 외무장관들이 모여 회의를 열었다. '모스크바 3상회의'라고 불리는 이 회의에서 두 가지에 합의했다. 우리나라 정부 수립을 위해 '미소공동위원회'를 설치하고, 미국, 영국, 중국, 소련이 최고 5년간 '신탁통치' 한다는 내용이었다. 신탁통치는 새롭게 독립한 나라가 스스로 나라를 세울 힘이 갖추어질 때까지 다른 나라가 대신 다스려주는 것을 말한다. 남한은 신탁통치안을 두고 찬성과 반대로 나누어 크게 대립했다. '미소공동위원회'가 꾸려지고, 국내에서는 여운형과 김규식이 중심이 되어 '좌우합작위원회'를 만들었지만, 모두 실패했다.

미소공동위원회가 성과 없이 끝나자, 미국은 유엔에 한국 문제를 상정했다. 유엔 결의에 따라 남한에서만 총선거를 실시하게 되었다. 그러자 김구와 김규식은 남한 단독 선거를 막고, 통일 정부를 수립하려고 남북 협상을 추진했으나 실패했다. 이승만은 남한에서만 단독 선거를 하자고 주장했다.

1948년 5월 10일, 유엔 감독 아래 남한에서만 총선거가 실시되었고, 제헌 의회가 구성되었다. 7월 17일 헌법이 제정·공포되었고, 7월20일 국회는 이 헌법에 따라 이승만, 이시영을 정·부대통령에 선출했다. 1948년 8월 15일 국내외에 정부 수립을 선포했고, 그 뒤 유엔총회에서 선거가 가능했던 지역에서 유일한 합법 정부임을 승인받았다.

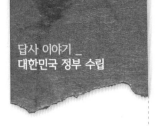
 # 국회의사당 - 서울시의회

위치 서울특별시 중구
세종대로 125

우리나라 입법부를 대표하는 국회의사당은 여의도에 있는 국회의사당이 만들어지기 전까지 지금 서울시의회로 이용되고 있는 서울시민회관 별관 건물이 가장 오랫동안 의사당으로 사용되었다. 서울시청 맞은편에 있는 서울시민회관 별관은 일제강점기 때 만들어진 건물로 당시 용도는 공연장이었다.

1대 국회였던 제헌 국회는 1948년 5월 31일부터 1950년 6월 27일까지는 중앙청 중앙홀을 의사당으로 사용하였다. 그 뒤 6.25전쟁으로 인해 대구, 부산 등지로 옮겨 다녔다. 전쟁 진행 상황에 따라 중앙청, 시민회관 별관, 부산, 다시 중앙청 등으로 옮겨 다니다가 1954년 6월부터 1975년 9월까지 시민회관 별관을 의사당으로 사용했다.

여의도 국회의사당은 1975년에 완성되어 지금까지 사용되고 있으

서울시의회 건물

며, 현재 시민회관 별관은 서울시의회로 사용되고 있다.

 # 대법원 – 서울시립미술관

해방이 되고 나서 우리나라 사법부를 대표하는 대법원은 현재 서울시립미술관으로 사용되고 있는 건물에 있었다. 이 건물은 우리나라 최초 법원이었던 한성재판소가 있던 자리에 1928년 일제가 경성재판소로 지은 것이다. 광복이 되자, 대법원으로 사용되었으며, 1995년 대법원이 현재 위치인 서초동으로 옮겨간 뒤 서울시립미술관으로 사용되고 있다. 서울시립미술관은 2002년 본 건물을 신축하면서도 아치형 현관이 특징적인 전면부를 보존하여 '구 대법원청사'라는 상징성은 살려 두었다.

위치 서울특별시 중구
덕수궁길 61

서울시립미술관

경무대 - 청와대

위치 서울특별시 종로구
청와대로 1

1948년 대한민국 정부 수립과 함께 초대 대통령에 취임한 이승만 대통령이 집무실 겸 관저로 사용한 경무대는 청와대 옛 이름이다. 청와대라는 이름은 윤보선 대통령 때 경무대란 이름에 대해 국민들 감정이 좋지 않자, '청기와로 지붕을 얹은 건물'이라는 뜻으로 청와대라고 바꾸었다.

조선시대에는 청와대 자리가 경복궁 후원이었고, 과거시험, 무술대회, 군대 집결 등이 이루어진 곳이었다. 그때부터 경무대라 불렸다.

일제강점기에는 경복궁 안에 조선총독부가 들어서자, 청와대 자리에 일본 총독 관저가 들어섰고, 해방 뒤 미군정 기간 동안에는 군정장관 관저로 사용되었다.

그 뒤 대한민국 정부가 수립되면서 이승만 대통령이 과거 이곳에 있었던 경무대 이름을 따서 집무실 겸 관저로 사용하였다.

청와대

지금 현재 있는 건물들은 노태우 대통령 시절인 1989년부터 1991년에 걸쳐 새로 지은 것이다.

 경교장

경교장은 대한민국 임시정부 주석을 지낸 김구가 귀국한 뒤 집무실과 숙소로 사용했던 곳이다. 현재는 강북삼성병원 안에 있다.

김구를 중심으로 한 민족 진영 인사들이 모이는 곳이었으며, 1949년 6월 26일 김구가 집무실에서 안두희에 의해 암살된 곳이기도 하다.

김구가 서거하고 나자, 여러 차례 주인이 바뀌다가, 1967년 삼성재단에서 사들여 강북삼성병원 본관으로 사용해 왔다. 그 뒤에 서울시와 삼성 재단이 소유는 그대로 두되 전체 공간을 복원하기로 합의해, 김구가 머물던 당시 모습대로 재현하였다. 2013년 3월 2일부터 시민들에게 무료로 개방하고 있다.

위치 서울특별시 종로구 새문안로 29

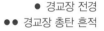

● 경교장 전경
●● 경교장 총탄 흔적

이화장

위치 서울특별시 종로구
이화장 1길 32

이화장

이승만은 해방이 되자, 미국에서 돌아와 처음에는 돈암장이라고 불리는 곳에서 머물렀다. 그러다가 마포장을 거쳐 이화장에 머물다 대통령에 선출되어 경무대로 옮겨 갔다. 이승만이 이화장에서 머문 기간은 그다지 길지 않지만, 부인인 프란체스카 여사는 이곳에서 오랫동안 살았다. 이화장 내부에는 이승만 동상, 조각당, 기념관 등이 있다. 기념관 내부에는 집무실과 이승만이 사용했던 물건들을 전시하고 있다.

2013년에 수해를 입어 복구 공사를 거친 뒤 개방을 할 예정이라, 현재는 관람을 제한하고 있다.

 ## 여운형 기념관

위치 경기도 양평군 영서면
몽양길 66

몽양 여운형 기념관은 양평군이 지하 1층에 기념관과 지상 1층에 생가를 복원해 2011년 개관했다. 여운형 선생이 죽음을 맞이할 당시에 입고 있었던 혈의와 장례식 때 사용된 만장이 함께 전시돼 있

여운형 기념관

고, 여운형 선생 모형과 사진을 찍고 출력해 갈 수 있는 크로마키 공간도 있다.

　이곳은 2012년 국가보훈처로부터 현충시설로 지정받았다. 현충시설이란 국가보훈처에서 지정한 국가유공자 또는 이들이 남긴 공훈과 희생정신을 기리기 위한 건축물, 조형물, 사적지 등 일정한 구역을 말한다.

더 깊이 알기

1. 우리나라가 일제강점에서 해방된 해는 언제인가요?

2. 우리나라가 해방될 당시 국내에서 독립정부를 세우기 위해 가장 활발히 활동
   한 사람은 누구인가요?

3. 남한만이라도 단독 선거를 통해 정부를 수립해야 한다고 주장한 사람은 누구
   인가요?

4. 1948년 실시된 총선거에서 뽑힌 제헌 의회 의원들에 의해 첫 정·부 대통령으
   로 선출된 사람은 누구누구인가요?

5. 남한에서만 선거가 이루어지는 것을 막기 위해 남북 협상을 추진하는 등 노력한 대표적인 사람은 누구인가요?

6. 우리나라는 일본으로부터 해방되었지만, 1948년까지 3년 동안 신탁통치라는 것을 미군정에게 받았습니다. '신탁통치'란 무엇을 말하는 것인가요?

7. '우리나라를 신탁통치한다'는 내용이 결정된 회의는 무엇인가요?

1. 우리나라가 일본으로부터 독립을 하였는데, 미국과 소련이 일본군을 무장해제 한다는 명분으로 북위 38도 선을 경계로 한반도를 점령한 까닭은 무엇일까요?

_____

_____

_____

_____

_____

2. 남한 지역을 신탁통치하게 된 미군정은 대한민국 임시정부를 비롯하여 우리 나라 독립운동을 이끌었던 사람들이 만든 정치기구를 인정하지 않았습니다. 그 까닭은 무엇일까요?

_____

_____

_____

_____

3. 이번 답사에서 가장 기억에 남는 것은 무엇인지 그린 다음, 그린 까닭을 써 보세요.

가장 기억에 남는 것

그린 까닭

43 부모 형제를 적으로 만든 한국전쟁

역사 이야기 1950년 6월 25일 일요일 새벽 4시, 북한군이 38선을 넘어 남침을 했다. 6월은 농번기라 농촌에 일손이 달려 농촌 출신 사병들을 모두 휴가 보내서 병력도 반으로 줄어 있는 상태였다. 북한군은 거칠 것 없이 밀고 내려와 3일 만인 28일에 서울을 점령했다.

서울이 북한군에게 점령당하자, 미 극동사령관이었던 맥아더는 미군이 아니고는 북한을 물리칠 수 없나며 미국 정부에 참전을 요구했다. 그러나 오산에서 처음으로 북한군과 전투를 치른 미 육군 스미스 대대는 크게 패했다.

7월 7일에 유엔 안보리에서 유엔군이 창설되어 남한을 돕기로 했다. 총사령관은 맥아더였다. 국군과 유엔군이 전세를 가다듬기도 전에 북한군은 계속 밀고 내려왔고, 7월 29일에는 낙동강까지 후퇴했다. 국군과 유엔군은 낙동강에 최후 방어선을 구축했다. 280킬로미터나 되는 낙동강을 사이에 두고 치열한 전투가 벌어졌다. 북한군은 대부분 낙동강 전선에 있었기 때문에 후방은 비어 있었고, 낙동강에서 발이 묶이자, 사기도 떨어져 있었다. 9월 15일에 인천에 있는 월미도에 유엔군이 상륙하고, 9월 28일에 서울을 되찾았다. 9월 30일에 맥아더는 김일성에게 항복 권고문을 발표했지만, 김일성은 거부했다. 맥아더는 북진 명령을 내렸고, 10월 1일에 국군과 유엔군은 38선을 넘어 북으로 진격했다. 10월 26일에 압록강까지 밀고 올라갔으나, 12만 명이나 되는 중국군이 압록강을 건너왔다. 남으로 후퇴를 거듭하던 국군과 유엔군은 1951년 1월 4일에 다시 서울을 빼앗겼다가 2월 15일에 되찾았다. 국군과 유엔군이 다시 38도 선을 넘자 미국을 비롯한 유엔 회원국들은 전쟁이 멈추기를 바라게 되었다.

1951년 6월 23일, 유엔 안전보장이사회 소련 대표는 휴전 협상을 제의했고, 미국 정부가 받아들여 유엔군과 북한, 중국이 휴전 협상을 시작했다.

휴전 회담이 이어지는 동안 전선에서는 고지를 사이에 두고 빼앗고 빼앗기며, 많은 사람들이 죽고 다치는 고지전이 이어졌다. 1953년 7월 27일에 전쟁을 쉰다는 휴전이 맺어지고, 3년 넘게 이어진 전쟁이 멈췄다.

한국전쟁으로 수백만 명이 죽고 다쳤으며, 산업 시설 대부분이 부서져 버렸다. 총소리는 멈추었지만, 여전히 나라는 남북으로도 갈라지고, 좌우로도 갈라져서 이념 전쟁이 이어지고 있다.

전쟁기념관

전쟁이 남긴 교훈과 호국정신을 기르고, 전쟁으로 목숨을 잃은 사람들을 추모하기 위해 1994년 6월에 문을 연 전쟁기념관은 전쟁에 관한 자료를 수집, 보존, 전시하고 있다.

호국추모실·전쟁역사실·한국전쟁실·해외파병실·국군발전실·대형장비실 등 6개 전시실과 야외 전시실이 있다. 야외에는 전쟁에 대한 의미를 되새길 수 있는 여러 조형물들과 비행기를 비롯한 무기들이 전시되어 있다.

전쟁기념관 2,3층은 한국전쟁실로 전쟁이 일어난 배경, 경과, 휴전 협정 과정을 자료와 영상을 통해 자세하게 알 수 있게 해 놓았다. 전쟁을 치르는 비참한 국민들 생활 모습도 모형으로 전시해 놓았다.

3층 전장체험실에서 여러 가지 전쟁 체험을 할 수 있고, 시네마영상실에서는 입체 영상을 관람할 수 있다.

전쟁기념관

한강철교

한강철교는 한강에 처음으로 놓은 다리다. 1896년 3월 29일 경인 철도 부설권을 따낸 미국인 모스가 경인철도 부설공사와 함께 용산 과 노량진을 잇는 한강철도교로 건설했다. 1905년 경부선이 만들어 지고 수송량이 많아지자 한강 제2철교도 만들었다. 1944년에 철교 한 선을 더 개통해 사용하다가 한국전쟁 때 모두 폭파시켜 버 렸다.

1951년에 서울을 수복한 뒤 에 임시로 복구해 가운데 한 선 만 사용하다가 1969년 6월 28일 에 완전히 복구해 지금 한강철 교 모습을 갖추게 되었다.

위치 서울특별시 용산구 이촌동과 동작구 노량진동을 연결하는 철도교

한강철교

 ## 판문점

1951년 10월부터 1953년 7월까지 유엔군과 북한, 중국이 휴전 회 담을 열었던 곳이며 지금도 남북대표가 회담을 여는 곳이다.

처음 휴전 협상이 시작된 예비 회담은 1951년 7월 8일 개성 북쪽 에 있는 내봉장에서 열렸다. 여러 번 회의 장소를 옮기다가 판문점이

위치 경기도 파주시 진서면 어룡리

'공동경비구역 JSA'의 무대인 판문 점 세트 – 경기도 남양주시 조안면 북한강로 855번길 138. 남양주 종 합촬영소

● 남양주 촬영소 판문점 모습
●● 남양주 촬영소 자유의 집

있는 널문리 마을로 옮겼다. 옮겨 오면서 한자인 판문점(板門店)으로 쓰게 되었다. 이곳 판문점에서 765여 차례에 걸친 회의 끝에 1953년 7월 27일 오전 10시를 기해서 휴전 협정이 이루어졌다.

현재 판문점은 유엔과 북한과 중국이 군사정전위원회 회의를 원만하게 운영하기 위해 1953년 10월 군사정전위원회 본부 구역 군사분계선상에 설치한 동서 800미터, 남북 400미터에 이르는 공동경비구역(JSA)을 말한다.

공동경비구역 안에서 양쪽 모두 자유로이 다닐 수 있었으나, 1976년 8월 18일에 북한이 도끼로 미군을 죽인 사건이 일어난 뒤부터는 군사분계선(MDL)을 경계로 서로 오갈 수 없게 되었다.

자유의 집, 회담장, 평화의 집 통일각, 판문각을 비롯한 건물 10여 채가 있고 여러 남북회담을 열고 있다.

판문점을 견학할 수 있게 허락해 주는 곳은 유엔사 군사정전위원회이므로 모든 견학 절차는 유엔사 규정에 따라 진행된다.

단체 방문은 11세 이상 단체(30명 이상 45명 이하)로 짜서 2개월 전에 신청해야 한다. 국정원 홈페이지에 있는 견학 신청서 대로 신청하면 된다.

 ## 백마고지 전적지

백마고지는 한국전쟁 때 가장 치열했던 격전지로 해발 395미터를 따서 395고지라고도 부른다. 철원읍 북서쪽 약 12킬로미터 지점인 휴전선 남쪽 DMZ 안에 있다. 포격으로 산등성이가 허옇게 벗겨져 마치 백마가 쓰러져 누운 모양 같아서 '백마고지'라고 부르게 되었다. 1951년 7월 정전 회담이 시작될 때 정전 협정이 체결되면 양쪽 군인

위치 강원도 철원군 대마 1길 72

백마고지 전적지

들이 마주보고 있는 곳을 기준으로 군사분계선을 정하기로 했다. 국군과 유엔군, 북한과 중국군은 조금이라도 더 많은 땅을 차지하기 위해 치열한 전투를 벌였다.

백마고지는 '철의 삼각지대(철원·김화·평강)'인 철원 평야와 서울을 연결하는 중요한 곳으로서 국군 제9사단이 지키고 있었다. 1952년 10월 6일부터 열흘 동안 한국군과 중국군이 12번이나 전투를 벌여서 결국 한국군이 승리하였고, 백마고지를 차지했다.

이 승리로 한국군은 군사적으로 유리한 곳을 확보하게 되었으며, 유엔군은 정전 회담에서 유리한 입장에 설 수 있었다. 이 전투를 기념해 백마고지가 보이는 남쪽 산 정상에 기념관과 전적비, 호국영령 충혼비가 건립되었으며, 해마다 10월 16일에 민·관·군이 합동으로 위령제를 지내고 있다.

기념관에는 당시 상황을 보도했던 신문자료와 백마부대장이었던 김종오 장군 유품 등을 전시해 두었다.

 ## 쌍굴다리

위치 충청북도 영동군 황간면
목화실길 7

대전 전투에서 패하고, 후퇴하던 미군이 1950년 7월 25일부터 7월 29일까지 충북 영동군 노근리에 있는 경부선 철도와 철도 아래 쌍굴 부근에서 무고한 양민 수백 명을 학살했다. 이를 '노근리 사건'이라고 한다. 미 제1병사단 소속 미군들은 피난민들이 미군 방어선을 넘

쌍굴다리

지 못하게 하라는 명령을 받고, 주민들을 피난시켜 준다고 속이고는 영동읍 주곡리, 임계리 주민들을 모아 놓고 비행기로 폭격하고, 기관총과 소총으로 무자비하게 죽였다. 사건 현장인 쌍굴다리에는 수많은 총탄 자국이 남아 있다. 쌍굴다리 뒤편에 있는 낮은 언덕에는 희생된 사람들을 달래는 위패가 서 있다.

노근리 평화공원

노근리 평화공원에는 노근리 평화기념관, 피해자 위령탑, 추억의 생활사관 등이 있다.

평화기념관에서 한국전쟁 때 노근리에 주둔했던 미군들에게 내렸

위치 충청북도 영동군 황간면 목화실길 7

● 노근리 평화기념관
●● 피해자 위령탑

던 주요 명령서, 사건이 세상에 알려진 과정 등을 자세히 볼 수 있다.
그리고 생존자들이 전해 주는 이야기도 화면을 통해 볼 수 있다.

거제도 포로수용소 유적공원

위치 경상남도 거제시 계룡로 61

거제도 포로수용소는 한국전쟁 때 인민군 포로들을 수용하기 위해 만들었다. 포로가 점점 늘어나서, 부산에 있던 포로수용소에 모두 수용할 수 없자, 거제도에 새로 만들게 된 것이다.

북한군 포로 15만 명, 중국군 포로 2만 명 등 17만 명을 수용했다.

1953년에 휴전 협정이 체결되고, 포로들이 송환되자, 거제도 포로수용소는 폐쇄되었다.

거제도에 남아 있던 몇몇 유적을 중심으로 1983년에 지방문화재로 지정 되었고, 발굴, 복원 작업을 거쳐 1999년에 개관했다.

포로 생포관, 포로 생활관, 포로 수송, 포로 귀환 및 송환 등 한국
전쟁에서 생겨난 포로들에 대한 생활상 및 대우 등을 알 수 있다. 또
한 한국전쟁과 관련된 여러 가지 상황과 전쟁이 만드는 상처에 대해
고민하고 생각해 볼 수 있는 곳이다.

입장료는 조금 비싼 편이다.

● 거제도 포로수용소 유적공
원 ●● 포로 생활관

 # 거창사건 추모공원

거창사건 추모공원은 한국전쟁 중이던 1951년 2월 9일부터 11일까
지 거창군 신원면에서 국군에 의해 희생당한 양민들 넋을 위로하고
명예를 회복하기 위해서 세웠다. 거창사건이 일어난 신원면은 지리산
끝자락에 있는 산골마을로 마을 주민들은 대부분 농사를 짓는 농민
들이었다. 빨치산을 토벌하기 위해 신원면에 들어온 제11사단은 집들
에 불을 지르고, 719명이나 되는 주민들을 학살했다. 어린이와 60세

위치 경상남도 거창군 신원면
신차로 2924

● 거창 추모공원 묘비
●● 피해자 위령탑

이상 노인도 419명이나 되었다. 사건을 숨기기 위해 시체 위에 나무를 올려놓고 휘발유를 뿌려 불을 지르고, 어린이 사체는 현장에서 2킬로미터 떨어진 계곡으로 옮겨 암매장했다.

얼마 뒤에 사건이 세상에 알려졌고, 1951년 4월 3일 진상 조사를 위해 합동조사단이 신원면에 들어서자, 학살사건 군인들이 빨치산으로 위장해 숨어 있다가 조사단을 습격하기도 했다.

공원 정문인 천유문은 하늘로 인도하는 문이라는 뜻으로 이 문을 지나면 참배 공간이 나온다. 오른쪽에 위패를 모신 건물이 있고, 위령탑과 사건을 조각으로 표현한 부조벽이 있고, 뒤에는 묘역이 있다.

공원 안에 있는 역사 교육관에서는 사건을 재현한 영상을 보여 주는데 단체만 볼 수 있다. 전시실에서는 사건에 대한 자세한 내용과 자료들을 전시해 놓았다.

 박산합동묘역

위치 경상남도 거창군 신원면
신차로 2924

거창사건 추모공원에서 천유교를 건너면 낮은 언덕에 묘역이 자리 잡고 있는 박산합동묘역이 나온다. 희생자 719명 가운데 517명이 묻혀 있던 곳이다. 사건이 일어나고 3년 만에 유골을 수습했는데, 서로 뒤섞여 성별조차 구별하기 힘들었다. 그래서 큰 뼈는 남자, 중간 뼈는 여자, 작은 뼈는 어린이로 구분하여 합동묘 3기를 만들고 위령비를 세웠다.

하지만 박정희 군사 정권은 국민들이 군인들을 나쁘게 생각하면 안된다면서 사건을 다시 숨기라고 지시했다. 피해자 가족들인 유족회를 반국가 단체로 몰았고, 묘를 파헤쳐 유골을 유족들에게 강제로 나누어 주었다. 위령비는 정으로 쪼아 땅에 묻어 버렸다. 1967년에 묘를 다시 만들었고, 1988년에야 땅 속에 묻혀 있던 위령비를 다시 꺼냈지만, 피해자 보상문제는 아직도 해결되지 않고 있다.

언덕에는 양민 517명을 추모하는 '오일칠양모루'라는 누각이 있고, 누각 앞에는 유족회장이 쓴 '한탄시'라는 시가 돌에 새겨져 있다.

박산합동묘역

더 깊이 알기

1. 한국전쟁이 일어난 날은 언제인가요?

_____

2. 북한이 전쟁을 일으키고 사흘 만에 서울을 점령할 수 있었던 까닭은 무엇인 가요?

_____

_____

3. 유엔 안보리에서 남한을 지원하기 위해 세계 역사상 처음으로 만든 연합군 이름은 무엇인가요?

_____

_____

4. 국군과 유엔군이 최후 방어선을 구축한 곳은 어디인가요?

_____

_____

5. 국군과 유엔군이 북한을 상대로 싸우고 있을 때 북한군을 돕기 위해 참전한
   나라는 어느 나라인가요?

---

6. 소련이 휴전을 제의한 국제회의는 무엇인가요?

---

7. 3년 넘게 이어지던 전쟁을 쉬기로 한 휴전일은 언제인가요?

1. 한국전쟁 때 여러 나라들이 유엔군에 참여해서 우리나라에 온 까닭은 무엇일 까요?

2. 휴전 회담이 진행중인데도 전선에서는 고지전이 이어진 까닭은 무엇일까요?

3. 휴전 상태인 남과 북이 전쟁을 완전히 끝내고 평화로운 나라를 만들기 위해서 는 무엇을 해야할까요?

4. 이번 답사에서 가장 기억에 남는 것은 무엇인지 그린 다음, 그린 까닭을 써 보
   세요.

가장 기억에 남는 것
그린 까닭

44 남에서도 북에서도 버림받은 빨치산

역사 이야기 한국전쟁 전에 인민유격대에 의한 빨치산 활동은 '대구 10월 항쟁'과 '여순사건'으로 시작되었다. 10월 항쟁을 일으킨 사람들은 팔공산으로, 여순사건을 일으킨 사람들은 백운산이나 지리산으로 들어가면서 빨치산 활동을 시작했다. 강력한 토벌에도 빨치산 활동은 계속되었고, 강원도 오대산, 태백산으로 퍼져 나갔다.

인민유격대를 부르는 이름인 빨치산(partisan)은 '당파'를 뜻하는 프랑스 말 'parti(파르티)'에서 나온 것으로 유격전 부대나 부대원을 말한다.

빨치산 부대는 경찰지서, 면사무소, 금융조합 등을 습격했다. 토벌대가 빨치산이 활동하는 마을에 불을 지르는 '소개 작전'을 펼치자, 조직적 무장 투쟁이 거의 불가능해졌다. 이 소개 작전으로 전라남도에서만 18만 명이 넘는 농민들이 집을 떠나는 피해를 입기도 했다.

한국전쟁이 시작되자, 산에서 내려와 인민위원회에 참여하기도 했지만, 인천으로 유엔군이 상륙하고 북한군이 후퇴하자, 다시 산으로 들어갔다. 이때 이현상을 중심으로 지리산에서 '남부군'이 결성되었다.

빨치산은 후퇴하지 못하고 산에 들어온 인민군, 스스로 들어온 사람, 원래 있던 유격대와 가족들, 그리고 피난민들이었다.

휴전 협정이 시작되자, 북한과 남로당은 빨치산 부대에 겨우 연락 정도만 취했을 뿐 아무런 지원을 하지 않았다. 1951년 하반기부터 대대적인 토벌을 벌이자 빨치산은 엄청난 타격을 입었다.

빨치산은 물자 보급과 생활을 스스로 해결해야 했고, 유격전도 펼쳐야 하는 이중고를 겪었다. 그 와중에도 정치경제학, 철학, 항일무장투쟁사나 글자를 가르쳤다.

유격대 활동이 길어지자 점점 식량, 옷, 무기, 의약품 등을 구하기가 어려워졌고, 빨치산을 도와 준 주민들은 '통비분자'로 몰려 죽임을 당하기도 했다.

휴전 협정을 맺을 때도 북한은 인민군 포로들은 데려가면서 인민유격대를 외면했고, 남한에서는 공산비적이라는 반란군으로 부르며 대대적인 토벌을 했다. 분명 우리 국민이었지만, 북에서도 남에서도 버림받은 사람들이었다.

벽송사

위치 경상남도 함양군 마천면
광점길 27–177

신라시대 말에서 고려 초에 창건된 것으로 짐작되는 절이며, 서산 대사, 사명당 등이 배출되었다고 한다.

한국전쟁 때 인민군이 야전병원으로 사용했고, 군경 토벌대에 의해 타버린 것을 다시 지었다.

벽송사 뒤쪽으로는 산죽비트, 독바위, 박쥐굴, 선녀굴 등 빨치산 루트가 남아 있다. 선녀굴은 마지막 빨치산인 정순덕이 13년 동안 숨어 지낸 곳이다. 남편을 찾아 입산하여 빨치산이 된 정순덕은 1963년 11월에 생포되어 23년 동안 옥살이를 했고, 출소 뒤에도 비전향 장기수 수용시설에서 살았다. 2000년에 6.15남북공동선언을 하자,

벽송사

166

북한으로 보내 달라고 했으나, 정부는 들어주지 않았고, 끝내 인천에 있는 병원에서 뇌출혈로 숨을 거두었다. 남아 있던 비전향 장기수들이 비석을 세워 정순덕을 기렸으나, 이마저도 2005년에 보수단체에 의해 파괴되었다.

 노고단

지리산 노고단은 신라 시조 박혁거세 어머니인 성도성모를 국모신으로 모시고 제사를 지내는 곳이다. 노고단은 '늙은 시어머니 제사 터'라는 뜻이다.

화엄사 계곡과 섬진강

한국전쟁 때, 지리산 빨치산이 노고단과 반야봉을 중심으로 활동했다. 노고단은 수풀이 우거져 신라시대에 화랑들이 찾아와 무예를 닦던 곳이었고, 일제강점기에는 외국인 선교사들이 별장 마을을 세웠으나, 빨치산이 아지트로 사용하자 토벌대가 모두 불태웠다. 지금은 건물 뼈대만 앙상하게 남아 있다.

지금까지도 노고단에는 큰 나무들이 자라지 못하고 싸리, 진달래, 철쭉 같은 관목들만 무성하다.

 # 칠불사

위치 경상남도 하동군 화개면 범왕길 528

지리산 토끼봉 아래에 있는 절로 '가야 김수로왕 일곱 아들이 수행하다가 성불했다'하여 칠불사라는 이름이 붙었다. 1800년에 큰 불

칠불사

이 나서 불탄 것은 복구되었으나, 한국전쟁 때 불탄 것을 1978년에 복구했다. 칠불사에는 '아자방'이라는 방이 있는데, 한자 '아(亞)'자 모양으로 방안 네 귀퉁이를 70센티미터씩 높여서 좌선처로 삼았고, 가운데 낮은 곳에는 불을 피우면 49일 동안이나 온기가 유지된다고 한다.

칠불사 둘레에 있는 빗점골은 남부군 총사령관이었던 이현상이 최후를 맞이한 곳이다. 대성골은 '피의 골짜기'라고 부르는데, 토벌대에 의해 수많은 빨치산이 희생된 곳이다. 또 토끼봉은 여순사건을 이끈 지창수가 생포된 곳이다.

칠불사 아자방

쌍계사

위치 경상남도 하동군 화개면 쌍계사길 59

신라 성덕왕 때 의상대사 제자인 삼법 스님이 세운 절로 문성왕 때 진감선사가 당나라에서 차 씨앗을 들여와 절 둘레에 재배하면서 화개골은 차 문화가 일어났다.

대웅전 바로 아래에 국보 제47호인 진감선사 대공탑비가 있는데 한국전쟁 때 총격을 받아 총알 자국과 깨진 흔적이 남아 있다.

● 진감선사 대공탑비
●● 쌍계사 대웅전

 # 빨치산 토벌 전시관

위치 경상남도 산청군 시천면 지리산대로 530

한국전쟁 때 지리산에서 활동한 빨치산과 토벌에 대한 자료와 유물을 전시한 곳이다. 지리산 중턱인 중산 관광단지 안에 있다.

● 전시관 조형물
●● 전시관 조형물-아지트
●●● 빨치산 토벌 전시관

　1층 역사실엔 빨치산이 생겨난 배경과 사건들이 전시되어 있고, 2층 생활실, 산청 지리산실에는 빨치산과 토벌대 생활과 지리산 역사, 자연환경이 전시되어 있다. 또한 야외 전시장에는 빨치산이 살았던 지리산 아지트를 복원해 놓았고, 앞마당엔 여러 무기와 조형물이 전시되어 있다.

더 깊이 알기

1. '당파'라는 뜻인 프랑스어에서 나온 말로 전쟁에서 유격전을 벌이는 부대 또는
   부대원을 부르는 말은 무엇인가요?

   _____

   _____

   _____

2. 지리산에서 빨치산 활동이 시작된 것은 어떤 사건 때문인가요?

   _____

   _____

   _____

3. 토벌대가 빨치산을 진압하기 위해 주변 마을을 모두 불태우는 것은 무엇이라
   고 하나요?

   _____

   _____

   _____

4. 지리산에 들어가 빨치산이 된 사람들은 어떤 사람들이었나요?

5. 빨치산은 산에서 생활하면서 유격전 외에 학습도 했습니다. 주로 어떤 것을
   공부했나요?

6. 빨치산에게 보급품을 내 준 마을 주민들은 어떤 죄목으로 죽음을 당했나요?

1. 토벌대 진압으로 빨치산뿐만 아니라 민간인도 많은 피해를 입었습니다. 어떤 피해가 있었을까요?

_____

_____

2. 식량이나 약품 보급이 거의 불가능한 상태에서 빨치산들은 산 생활을 유지했습니다. 어떤 불편함이 있었을까요?

_____

_____

3. 시간이 많이 흐른 지금도 여전히 빨치산 활동에 대한 진실 규명이 제대로 이루어지지 않는 까닭은 무엇일까요?

_____

_____

_____

4. 우리 국민이었지만, 북에서도 남에서도 버림받고 죽어간 빨치산과 무고하게
   희생된 민간인들에게 편지를 써 보세요.

45 민주주의를 향한 몸부림 4.19혁명

역사 이야기

이승만은 1948년 제헌 국회에서 국회의장에 당선되었고, 7월에 초대 대통령에 당선되었다. 그때 나이가 73세였다. 1952년에 자유당을 창당하고 2대 대통령을 지냈지만, 1956년에 사사오입을 적용해 법을 고쳐서 3대 대통령에 또 당선되었다. 1960년에는 농번기를 피해 3월로 선거일을 정하고 자유당 대통령 후보로 또 출마했다.

국민들은 자유당이 부리는 횡포에서 벗어나려고 민주당 대통령 후보였던 조병옥을 지지했으나, 선거 한 달 전인 2월 25일에 조병옥이 미국에서 사망하고 말았다. 이로써 이승만은 단독 후보로 대통령 당선이 확실했다.

자유당은 확실하게 권력을 잡기 위해 이기붕을 부통령에 당선시키려 했다. 정치 깡패를 끌어들여서 야당이 펼치는 선거운동을 방해하고, 개표를 조작했다.

그러자 마산에서 3.15선거는 무효이니 재선거를 하자며, 학생들이 들고 일어났다. 내무부장관 최인규는 폭력으로 강경하게 진압했다. 마산 시민들은 더 분노했고, 내무부장관 최인규와 치안국장 이가학은 사임했다.

마산상고 학생이던 김주열은 이 시위에 참가했다가 실종되었는데, 4월 11일, 얼굴에 최루탄이 박혀 죽은 채로 마산 중앙부두 앞바다에서 발견되었다. 이 사건이 알려지면서 학생과 시민들이 벌이는 시위는 더욱 격렬해졌다.

4월 18일에는 고려대학교 학생들이 격렬하게 시위하면서 경무대로 향했다. 그런데 시위를 마치고 돌아가던 학생들을 자유당에서 고용한 폭력배들이 습격했다. 이 소식이 전국으로 퍼졌고, 4월 19일에 시위가 전국으로 퍼져 나갔다.

서울시에 계엄령이 선포되었고, 무장한 군대가 시위대를 진압하려 했다. 4월 26일에는 초등학교 학생들까지 들고 일어나 시위대 언니오빠들에게 총을 쏘지 말라며 시위를 벌였고, 희생된 초등학생도 생겨났다. 사태가 이렇게 심각해지자, 이승만 대통령은 책임을 지고 하야했고, 부통령 당선자였던 이기붕 일가족은 자살했다.

4.19혁명은 시민들이 독재정권을 무너뜨린 민주주의 혁명이었으며, 민주화 운동을 이끄는 뿌리가 되었다.

김주열 열사 시신 인양지

마산상고 1학년생이었던 김주열은 1960년 3월 15일에 시위에 참가했다가 행방불명이 되었는데, 4월 11일 마산 중앙부두 바다에서 얼굴에 최루탄이 박힌 채 발견되었다. 경찰이 쏜 최루탄이 터지지 않은 채 머리에 박힌 것이었다. 경찰과 검찰이 그 사실을 숨기려 하자, 시민들은 김주열 시신을 공개하라며 들고 일어났다. 사태가 심각해지자, 경찰과 검찰은 몰래 김주열 시신을 남원으로 옮겼고, 가족에게 장례를 치르게 했다.

● 김주열 열사 시신 인양지
표지석
●● 마산 의료원터
●●● 마산 용마고에 있는 김
주열 열사 흉상

김주열 열사 묘와 기념관

김주열 묘는 모두 세 곳에 있는데, 이곳에 있는 묘가 진짜이고, 나머지는 가묘이다. 묘역 앞에 있는 작은 기념관에는 김주열이 쓰던 책상과 학용품, 사진 등 유품들이 전시되어 있다. 유족과 친지, 친구들이 기증한 것이다. 김주열에 대한 기사들도 전시되어 있다.

위치 전라북도 남원시 금지면
요천로 719-3

김주열 열사 묘와 기념관

 ## 국립 3.15민주묘지

3.15의거는 1960년대에 정치권력을 놓지 않으려고 부정선거를 했던 독재자 이승만과 이기붕 등 자유당에 맞서 마산에서 들고 일어

위치 경상남도 창원시 마산회원
구 3.15성역로 75

유영봉안소와 정의의 벽

난 민주화 운동이다. 국립 3.15민주묘지는 3.15의거 때 희생된 분들을 모신 곳이다.

 # 전북대학교 4.19혁명 진원지

위치 전라북도 전주시 덕진구 조경단로 117

1960년 4월 4일에 이승만 독재 정권이 저지른 부정선거를 규탄하는 대학생 시위가 처음으로 시작된 곳이다.

4.19혁명 진원지

광주공원 4.19영령 추모비

광주는 5.18민주화운동뿐만 아니라 4.19혁명 때에도 민주주의를 외치며 시민들이 들고 일어난 곳이다. 4.19혁명 때 희생된 사람들을 추모하기 위해 1962년 4월 19일에 광주공원 안에 세웠다.

위치 광주광역시 중앙로 107번길 15

광주공원 4.19영령 추모비

 # 국립 4.19민주묘지

4.19혁명 때 희생된 영령 199위를 모신 묘역으로 1963년에 건립되었다가 1993년 성역화 조성사업으로 재단장하였다.

위치 서울특별시 강북구 4.19로 8길 17

국립 4.19민주묘지

묘지 안에는 민주의 뿌리, 정의의 불꽃, 4.19탑, 상징문 등 조형물이 있고, 4.19혁명기념관, 유영봉안소 등 건축물이 있다.

더 깊이 알기

1. 우리나라 초대 대통령은 누구인가요?

2. 4대 대통령 후보로 자유당에서는 이승만, 민주당에서는 ○○○이었습니다. ○○○은 누구인가요?

3. 이승만 오른팔 노릇을 하며 권력을 잡았던 사람은 누구인가요?

4. 마산에서 학생들이 시위를 벌이게 된 원인은 무엇인가요?

_____

_____

_____

5. 시위에 참가했다가 경찰이 쏜 최루탄에 맞아 죽은 사람은 누구인가요?

_____

_____

_____

6. 이승만 독재정권을 물러나게 한 원동력이 된 사건은 무엇인가요?

_____

_____

_____

생각해보기

1. 이승만은 왜 죽을 때까지 대통령 자리에 있으려고 했을까요?

_____

_____

_____

_____

2. 3.15부정선거 시위에 학생들이 앞장선 까닭은 무엇일까요?

_____

_____

_____

_____

3. 김주열 열사 시신이 발견되었을 때 둘레 사람들 심정이 어땠을까요?

_____

_____

_____

_____

4. 4.19에 앞장선 사람들에게 편지를 써 보세요.

46 산업화와 노동 착취

역사 이야기 일제가 우리나라를 강점하면서 철도를 놓고 공장을 세웠으나, 우리나라를 발전시키려는 것이 아니었다. 우리 자원을 수탈해 가기 위한 것이었다. 우리나라 사람들 노동력을 착취해서 일본을 살찌우고, 중국과 러시아를 침략하는 발판으로 삼았다.

산업 시설 대부분은 철원이나 원산, 함흥, 신의주 같은 38도 선 북쪽에 있었다. 대륙을 침략하는 물자를 생산하기 위해서 세운 것이기 때문이었다.

남한 지역에 있던 산업 시설들도 한국전쟁으로 대부분 파괴되고 말았다. 전쟁이 끝나도 생산 시설이 없으니, 스스로 일어설 수가 없었다. 미국이 주는 밀가루를 먹으며, 미국에서 지원해 주는 돈으로 공장을 세웠다. 이를 '원조 경제'라 한다. 돈을 얻어다 주는 권력자와 손잡은 일부 사람들이 원조를 독차지하고는 권력 유지에 필요한 돈을 대주는 역할을 했다. 이를 '정경유착'이라 한다.

군사반란으로 박정희가 권력을 잡자, 미국은 독재정권을 도울 수 없다면서 경제 원조를 거절했다. 박정희는 독일 사람들이 하기 싫어하는 일을 대신 해 주는 것을 조건으로 광부와 간호사를 독일에 보내고 돈을 빌려왔다. 또 돈을 얻기 위해 일제강점에 대한 책임을 묻지 않는 굴욕적인 '한일협정'도 맺었다.

월남(베트남)전을 일으킨 미국이 싸울 군대를 보내 달라고 요청했다. 월남전에 파견된 군인들이 미국으로부터 받는 월급에서 절반을 나라에서 떼어가 경제발전에 사용했다.

여전히 권력과 손을 잡은 사람들이 경제를 독점했고, 노동자들은 새벽부터 밤늦게까지 일요일에도 쉬지 못하고 일을 했다. 경제는 발전했으나, 대가가 노동자들에게 골고루 돌아가지 않았다. 일을 하다가 다치거나 죽어도, 도로나 철도, 공장을 건설하느라 땅을 빼앗겨도 제대로 된 보상을 받지 못했다. 힘없는 사람들은 경제개발이라는 이름 아래 고통만 받았다.

평화시장에서 옷을 만드는 봉제공장에 다니던 전태일은 "우리는 기계가 아니다", "근로기준법을 준수하라"라고 외치며 온몸에 불을 지르고 스스로 목숨을 끊었다.

이때부터 많은 노동자들이 자신들 권리를 찾기 위해서 일어났고, 많은 사람들이 부당한 노동에 맞서 싸우기 시작했다.

노동자들이 대접받는 세상이 되었고, 모두가 잘 산다고 여기게도 되었다. 그러나 아직도 가난으로 신음하는 사람들과 거대 자본이 부리는 횡포에 착취당하는 사람들도 많다.

전태일 동상

위치 서울특별시 종로구
    종로5가 평화시장 앞
    버들다리 위

평화시장 앞 청계천 다리인 버들다리 위에 전태일 동상이 세워져 있다.

전태일은 대구에서 태어나, 1960년대에 서울 평화시장에 있는 옷 만드는 봉제공장에서 일했다. 평화시장 노동자들은 창문도 없는 좁은 방을 다락으로 만들어 일어설 수조차 없는 곳에서 일요일에도 쉬지 못하고 하루에 스무 시간씩 일을 해야 했다. 전태일은 노동자들을 모아 단체를 만들고, 노동 환경을 개선해달라고 노동부를 비롯한 여러 곳에 호소하였다. 그러나 돌아온 것은 탄압과 싸늘한 외면뿐이었다. 근로기준법이 있어도 지켜지지 않는 현실을 온 세상에 알리기 위해서 1970년 11월 13일, 온몸에 석유를 끼얹고 스스로 몸에 불을 붙였다. "우리는 기계가 아니다", "근로기준법을 준수하라"라고 외

전태일 동상

치며 평화시장 앞을 달렸다. 전태일은 숨을 거두었지만, 많은 언론이 이 사실을 세상에 알렸고, 많은 대학생들이 전태일을 추모하고, 그 뜻을 잇겠다고 선언했다.

모란공원

민주주의와 노동자를 위해서 살다가 간 분들을 모신 묘지이다. 이 묘지에는 전태일을 비롯해, 전태일이 못다 이룬 꿈을 위해 평생을 바친 어머니인 이소선, 전태일 평전을 쓴 조영래, 통일 일꾼 문익환, 민주화를 위해 싸우다 모진 고문을 당하고도 고문한 사람을 용서했던 김근태를 비롯해 가난하고 힘없는 사람과 민주주의를 위해 평생을 바친 수많은 민주열사들 무덤이 있다. 주차장에서 묘지로 올라가는 들머리에 묘지 자리와 묻힌 사람을 알려주는 안내도가 있고 길을 따라 올라가다 보면 민주열사 추모비가 있다.

위치 경기도 남양주시 화도읍 경춘로 2110번길 8–102

모란공원 민주열사 추모비

더 깊이 알기

1. 남한에 있던 산업 시설들이 파괴된 것은 무엇 때문인가요?

_____

_____

2. 미국이 주는 식량을 먹고 미국이 주는 돈으로 경제개발을 했던 것을 무엇이
   라고 부르나요?

_____

_____

3. 독일에서 돈을 빌려오기 위해서 우리나라에서 보낸 사람들은 누구인가요?

_____

_____

4. 일본에서 돈을 얻어 오기 위해 일제강점에 대한 책임을 묻지 않기로 약속해
   준 협정은 무엇인가요?

_____

_____

5. 미국이 우리나라에 군대를 파견해 줄 것을 요청한 전쟁은 무엇인가요?

6. 권력자와 자본가가 옳지 않은 방법으로 손을 잡는 것을 무엇이라고 부르나요?

7. 전태일이 온몸에 불을 지르고 외친 말은 무엇인가요?

생각해보기

1. 일제가 우리나라에 철도와 도로를 놓고 산업 시설을 세운 까닭은 무엇일까요?

2. 우리나라가 경제발전을 이루었지만 모든 국민들이 잘 살지 못하는 까닭은 무엇일까요?

3. 전태일이 스스로 몸에 불을 지르고 숨을 거두자 많은 사람들이 노동자들에게 관심을 가지게 된 까닭은 무엇일까요?

4. 전태일에게 편지를 써 보세요.

47 5.18광주 민주화운동과 6월 항쟁

1972년 10월에 박정희가 유신헌법을 선포하자, '국민이 직접 대통령을 뽑지 못하게 해서 죽을 때까지 대통령을 하려는 것'이라면서 사람들이 거세게 반발했다. 반대 운동을 이끌던 김영삼이 야당인 신민당 총재가 되자, 박정희는 김영삼을 국회의원에서 쫓아내는 제명을 해 버렸다. 그러자 1979년 10월 15일에 부산에서 대학생들이 들고 일어났고, 시민들도 합세했다. 마산, 창원으로도 퍼져 나갔다.

10월 26일에 혼란을 수습하기 위해 모인 자리에서 중앙정보부장 김재규가 박정희와 경호실장인 차지철을 권총으로 살해했다. 10.26사태라고 부르는 이 사건으로 독재를 휘두르던 박정희가 죽고, 최규하가 대통령에 취임했다.

그러나 12월 12일에 전두환, 노태우를 비롯한 신군부 군인들이 반란을 일으켜 권력을 잡았다. 이에 반발한 학생과 시민 10만여 명이 1980년 5월 15일에 서울역에서 전두환 퇴진과 민주주의 회복을 외쳤다. 이들이 해산하자, 전두환은 5월 17일, 전국에 계엄령을 내렸다. 시위하는 학생들을 체포하고 휴교령을 내렸으며, 민주화를 외치는 사람들을 탄압했다.

광주에서도 계엄에 반대하고 민주주의 회복을 외치며 시위를 하자, 장갑차를 앞세운 공수부대를 보내 무자비하게 진압했다. 시민들은 경찰서나 계엄군으로부터 빼앗은 총을 들고 금남로에 있는 전남도청을 차지했다. 시민들은 '5.18사태 수습 대책 위원회'를 만들어 평화적인 해결책을 찾으려고 했으나, 계엄군은 5월 27일에 탱크를 앞세우고 도청으로 쳐들어가 시민들을 사살했다.

이 사건을 기록한 5.18민주화운동 기록물은 2011년 유네스코 세계기록유산에 등재되었다. 한국이 보유한 세계기록유산 가운데 현대사 자료로는 처음이며, 정부기관이 아닌 민간이 주도해서 등재되었다는 것에 큰 의미가 있다.

총칼로 국민들 반발을 누르고 대통령이 된 전두환은 1987년 4월 13일에 다음 대통령을 간접선거로 뽑는다고 선언했다. 박종철이 고문으로 죽고, 이한열이 최루탄에 맞아 죽는 일까지 벌어지자, 국민들 분노가 극에 달했다.

1987년 6월 10일에 '민주헌법쟁취 국민운동본부' 주최로 '박종철 군 고문치사 조작, 은폐 규탄 및 호헌철폐 국민대회'가 열렸다. 명동성당에서는 대학생 600여 명이 시위를 벌였고, 6월 26일에는 전국에서 국민평화대행진이 벌어졌다. 저항운동이 크게 번지자, 29일에 노태우 민정당 대통령 후보는 국민이 직접 대통령을 뽑도록 한다는 '6·29선언'을 했다. 국민에게 항복 선언을 한 것이었다.

경남대학교

위치 경상남도 창원시 마산합포
구 경남대학로 7

부마항쟁은 1979년 부산과 마산에서 박정희 독재에 저항했던 민주항쟁이다. 10월 15일 부산대학에서 민주선언문이 배포되었고, 학생들과 시민들이 들고 일어났다.

'유신체제 타도', '정치탄압 중단'을 외치며 파출소, 경찰서, 도청, 방송국 등을 공격했다. 18일에는 마산과 창원으로 시위가 퍼져 나갔다. 마산에서 처음 들고 일어난 경남대학교 본관 옆에 있는 히말라야시다 나무 앞에서 시위가 시작되었다.

● 경남대학교
●● 시원석

마산에서는 마산대학교와 경남대학교 학생들이 앞장서서 격렬한 시위를 벌였다. 10월 19일에는 마산수출자유지역 노동자와 고등학생들까지 합세해서 마산 시내를 점령해 버리기도 했다.

정부는 마산과 창원에 일정한 장소를 벗어나지 못하게 막는 조치인 '위수령'을 내리고 505명을 끌고가서 59명을 군사재판에 넘겼다. 그러자 전국에서 학생들이 들고 일어났고, 박정희 유신 독재자 무너지는 결정적 요인이 되었다.

부마항쟁이 일어나자, 현장을 돌아본 중앙정보부장 김재규는, "부마사태는 그 진상이 일반 국민에게는 잘 알려지지 않았지만 굉장한 것이었습니다. 본인이 확인한 바로는 불순 세력이나 정치 세력이 배후에서 조종이나 사주한 것이 아니라, 순수한 시민들에 의한 민중 봉기로서 시민이 데모 대에게 음료수와 맥주를 날라주고 피신도 시켜 주며 데모하는 사람과 시민이 완전히 의기투합하여 한 덩어리가 되어 있었고, 체제 저항과 정책 불신 및 물가고에 대한 반발에 조세 저항까지 겹친 민란이었습니다"라고 했다.

 전남대학교

전남대학교는 5.18광주민주화 항쟁이 시작된 곳으로 학생들이 학교에 나왔다가 교문을 막은 계엄군에게 항의하면서 시작되었다. 정문 앞 다리에서 시작한 농성이 2백여 명으로 불어나자, 노래와 구호

위치 광주광역시 북구 용봉로 77

전남대학교 정문

를 외쳤다. 그러자 공수부대원들이 함성을 지르며 달려들어 진압봉으로 학생들 머리를 때렸다. 학생들은 굴하지 않고 '비상계엄 해제하라', '김대중씨 석방하라', '휴교령을 철회하라', '전두환은 물러가라', '계엄군은 물러가라' 같은 구호를 외치며 광주역과 금남로를 향해 가면서 시위를 벌였다.

당시 전남대학교 정문 앞에는 용봉천이 흐르고 다리가 놓여 있었으나 지금은 복개되었고, 교문 모양도 바뀌었다.

전남대학교 역사관

2012년에 전남대학교 개교 60주년을 맞아 옛 본부 건물과, 평생교육원인 용봉관을 리모델링했다. 이때 역사관을 만들어 주 전시실과 기획전시실, 민주전시관, 5.18기념관 등을 갖추고, 학교 60년사를 볼

전남대학교 역사관

수 있는 기록과 사진, 자료 등을 전시하고 있다.

　5.18기념관은 민주역사관, 오월관, 민주열사관, 민주영상관으로 되어 있으며 5.18기념관 입구에는 1960년도부터 일어난 역사 사건을 한눈에 볼 수 있도록 표로 정리해 놓았다. 영상관에서는 5.18민주화운동에 대한 다큐멘터리를 볼 수 있다. 시간을 내어 꼭 보기를 권한다. 이외에도 역사 사건 하나하나를 각 전시관에 잘 표현해 놓았다. 이 역사관 건물은 개교 초창기인 1957년에 세워서 1997년까지 40년간 대학본부로 썼으며, 용봉탑과 함께 전남대학교를 대표하는 상징물이다.

 금남로

　1980년 5월 18일에 금남로에 있는 카톨릭센터 앞에서 학생 시위가 벌어졌다. 5월 19일부터 많은 시민들이 끊임없이 모여들어 5월 20일

위치 광주광역시 동구 금남로

● 금남로
●●, ●●● 전남도청

저녁에는 택시를 비롯한 차량이 1백여 대 넘게 참가한 대규모 시위가 벌어졌다. 21일에 계엄군이 총을 쏘기 전까지 광주 시민이 날마다 모여서 군사독재 반대와 민주화를 외쳤다. 5.18광주민주화운동 뒤에도 진실을 밝히려는 투쟁이 금남로를 중심으로 일어났고, 카톨릭센터에서는 민주화를 외치는 집회가 계속 열렸다. 금남로에는 카톨릭센터, 광주 YMCA 등 주요 건물들이 줄지어 있다.

전남도청은 80년 5월 27일 새벽까지 시민들이 항전했던 곳이다. 계엄군은 도청을 공격하기 직전에 광주 시내 모든 전화선을 끊어 버렸고 항복하는 사람들이 손을 들고 나오면 나온 곳에 수류탄을 던지기도 했다. 시민군 중 14명이 죽고 160여 명이 다쳤으며, 많은 사람들이 체포되었다.

망월동 5.18구묘역

1980년 5월 17일에 임시 국무회의가 비상계엄 확대 선포 안을 의결하자, 신군부는 전국 대도시에 군대를 보냈다. 광주에도 공수부대가 들어왔다. 공수부대는 전쟁이 나면 적국 깊숙이 침투하는 특수부대였다. 국민을 지키기 위한 군대가 같은 국민에게 총부리를 겨눈 것이다.

망월동 묘지는 5.18민주화운동 때 희생된 사람들을 묻은 곳으로, 가족과 친지들이 공포와 분노에 떨며 시신을 손수레에 싣고 와 묻었다. 연고자가 없거나 5월 27일에 도청에서 희생된 사람은 청소차에 실려 와 묻혔다. 또 5.18 때 희생된 분들뿐만 아니라 1980년대 저항 시인인 김남주, 시위 도중 최루탄에 맞아 목숨을 잃은 이한열 묘지도 있다.

위치 광주광역시 북구 민주로 200

망월동 5.18묘역(구묘역)

5.18신묘역

위치 광주광역시 북구 민주로
200

1993년에 김영삼이 대통령이 되자 5.18광주민주화운동에 대한 재평가가 이루어졌다. 반란이 아니라 민주화 운동으로 인정을 받게 되었다. 그러자 5.18 희생자들을 국립묘지에 모셔야 한다는 주장이 나왔고, 1997년에 묘역이 만들어졌다. 22년 만인 2002년에는

추모탑

5.18민주묘지를 국립묘지로 승격시켰다. 5.18 묘역에는 영령 영정과 위패를 봉안한 유영봉안소, 추모관, 어린이 체험학습관이 있다. 5.18

추모관

민주화운동에 대한 실상과 정신을 느낄 수 있게 체험하도록 구성되어 있으므로 충분한 시간을 가지고 관람하기를 권한다.

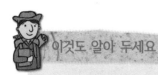

이것도 알아 두세요

주남 마을 인근 양민 학살지

5월 21일 조선대학교 뒷산을 넘어 퇴각하던 계엄군들이 인근 주남 마을에 주둔하여 광주–화순간 도로를 오가는 차량들에게 총격을 가한 곳이다. 5월 23일 승객 18명을 실은 미니버스에 무차별 총격을 가해 승객 1명만 살아 남았다. 이때 계엄군은 부상당한 2명을 주남 마을 뒷산으로 끌고가 살해하였고 이곳에 묻혀 있던 시신은 5.18민주화운동 직후 주민 신고로 발굴되었다. 현재는 도로 개설로 당시 흔적이 많이 사라졌다.

경찰청 인권 보호 센터

위치 서울특별시 용산구 한강대로 71길 37(갈월동)

남영동 대공분실 건물은 천재 건축가라고 하는 김수근이 설계한 것이다. 지금은 경찰 인권 센터로 쓰이고 있지만 많은 사람이 독재 권력에 의해 고문을 당한 곳이다.

1987년에 23세인 박종철이 대공분실 안에서 고문을 당하다 목숨을 잃었으며, 김근태를 비롯해 많은 민주화 운동가가 잔혹한 고문을 받았던 곳이다. 1층엔 센터 건립 취지와 대공분실 역사를, 4층은 박종철 기념 전시실, 5층에는 '박종철 고문치사사건'이 발생했던 조사

남영동 대공분실

실이 있다. 전시실에는 전두환 군부독재정권이 들어서고 5.18민주화운동, 박종철 고문 치사사건, 6월 민주항쟁, 6.29선언에 이르기까지 시대 배경을 사진과 글로 설명해 놓았고 박종철 사진과 편지도 전시되어 있다.

　박종철이 고문 받다 숨진 509호 조사실은 그대로 보존해 두었고, 김근태가 고문 받았던 515호실은 다른 모습이라고 한다. 5층 조사실

● 나선형 계단
●● 조사실

은 모두 같은 모양 문을 어긋나게 내어 맞은편에 아무것도 볼 수 없
게 만들었다. 또 내부 벽은 완벽한 방음처리를 해서 고문에 의한 비
명소리가 밖으로 새어 나가지 못하게 하고, 다른 방 소리 역시 들리지
않게 설계되어 있다. 건물 뒤편 또 다른 입구에서 눈을 가린 채 끌고
올라가는 계단은 나선형이라 몇 층인지 전혀 짐작할 수 없게 되어 있
다. 보통사람도 이 계단을 내려가 보면 다리에 힘이 풀려서 주저앉곤
한다. 현대사에서 아픈 역사를 간직한 곳이고, 이곳에서 고문을 자행
했던 사람들이 살아있어서 관람하는 내내 마음이 편하지 않는 곳이
지만, 한번쯤 가 볼 만한 곳이다. 단 공휴일은 관람이 안 된다.

명동성당

명동성당은 천주교정의구현사제단과 김승훈 신부가 박종철 고문
치사 은폐조작을 폭로한 곳이다. 또 1970년대와 1980년대 군사 정권
시기를 지나면서 민주화 운동 중심에 있었다. 1987년 4월 13일 전두
환 전 대통령은 제5공화국 헌법에 의해 정부를 이양한다는 내용으
로 「4.13호헌조치」를 발표했다. 대통령을 국민이 직접 뽑는 직선제 요
구를 거부하자, 온 나라에서 비난이 쏟아졌다.

5월 18일에는 천주교정의구현전국사제단이 공식성명을 통해 박종
철 고문치사사건이 조작·은폐되었다는 사실을 밝혔다. 국민들 분노
는 전국으로 퍼져 나갔고, 5월 27일에는 재야 세력과 통일민주당이

위치 서울특별시 중구 명동
2가 1

명동성당

연대하여 '민주헌법쟁취 국민운동 본부'가 만들어졌다. 6월 9일, 국민 평화대행진(6.10대회)을 하루 앞두고 이 대회에 출정하기 위해 시위를 벌이던 연세대학교 학생 1천여 명 중 2학년 이한열이 경찰이 발사한 최루탄을 맞고 숨을 거두었다. 6월 10일 노태우가 민정당 대통령 후보가 되었고, 같은 날 '민주헌법쟁취 국민운동본부'는 6월 10일 '박종철 고문살인 조작·은폐규탄 및 호헌철폐 국민대회'를 전국적으로 개최했다. 서울 시위대 가운데 일부는 명동성당에 집결해서 들어갔다. 명동성당 농성 당시 성당 옆 계성여고에서 여고생들이 도시락과 물 등을 적극적으로 지원하여 농성이 진행될 수 있었다. 계성여고와 연결된 성당 뒤편 성소에서 도시의 번잡함을 잠시나마 잊어보기를 권한다.

6월 민주화 항쟁 당시, 명동성당에서 농성하는 학생들을 해산시키기 위해 찾아온 정부 고위 당국자에게 김수환 추기경은 이렇게 말했다. "성당 안으로 경찰이 들어오면 맨 앞에 내가 있을 것이고, 그 뒤에 신부들, 수녀들이 있을 것이오. 우리를 다 넘어뜨리고 난 후에야

학생들이 있을 것이오."

1987년 6월 10일부터 6·29선언이 있기까지 약 20일 동안 계속된 민주화 시위를 6월 민주항쟁이라고 한다.

더 깊이 알기

1. 부마항쟁은 어디에서 왜 일어난 항쟁인가요?

_____

2. 10. 26사건이란 무엇인가요?

_____

_____

3. 12.12 군사 반란을 일으킨 사람들은 누구인가요?

_____

4. 5.18광주민주화운동 때 신군부는 시민들을 어떻게 진압했나요?

_____

_____

5. 5.18광주민주화운동을 진압하고 누가 대통령이 되었나요?

_____

6. 남영동 대공분실에서 당시 23세 서울대 학생으로 고문을 받다 숨진 학생은 누구인가요?

_____

7. 전두환이 후임 대통령을 간접선거로 뽑고 헌법을 개헌하지 않겠다고 발표한 선언은 무엇인가요?

_____

_____

8. 1987년 6월 10일부터 6월 29일까지 전국적으로 일어난 민주화 운동을 무엇이라고 하나요?

_____

9. 6월 항쟁이 거세지자 노태우가 직선제 개헌을 받아들이겠다고 선언한 것은 무엇인가요?

_____

생각해보기

1. 군사반란을 일으킨 신군부 세력은 대도시와 광주에 공수부대를 왜 파견했다고 생각하나요?

_____

_____

2. 광주 시민들이 학생들과 함께 시위를 하고 시민군을 만들어 계엄군에게 왜 대항했다고 생각하나요?

_____

_____

3. 노태우가 6.29선언을 한 까닭은 무엇일까요?

_____

_____

_____

_____

4. 이번 답사에서 가장 기억에 남는 것은 무엇인지 그린 다음, 그린 까닭을 써 보
   세요.

가장 기억에 남는 것

그린 까닭

48 6.15남북공동선언

역사 이야기 1953년 7월 27일 오전 10시, 유엔군 대표 미국 윌리엄 해리슨 중장, 북한과 중국군 대표인 북한군 남일 대장은 3년 1개월 만에 전쟁을 중단하는 정전(휴전) 협정을 맺었다. 군사분계선(MDL)을 기준으로 2킬로미터씩 남북으로 물러나서 비무장지대(DMZ)를 만들고, 군사정전위원회와 중립국감독위원회 임무, 전쟁포로 교환 등에 합의했다. 1954년 4월에 유엔참전국을 비롯한 19개국이 한반도에서 전쟁을 완전히 멈추고 평화를 자리 잡도록 하기 위해 스위스 제네바에서 회의를 했으나, 아무 소득을 얻지 못했다.

이승만 정부는 '북진통일'을 외쳤기 때문에 한반도는 늘 긴장상태였고, 장면 정부에서 중립화통일론이 나왔으나, 남북 모두 받아들이지 않았다.

1971년에 남북 이산가족 만남을 위해 최초로 남북적십자회담이 열렸으나 이산가족 상봉으로는 이어지지 못했다. 1972년에 자주, 평화, 민족대단결을 원칙으로 7.4남북공동성명을 발표하고, 남북조절위원회를 설치했다. 북한은 민족 대단결원칙에 따라 주한미군 철수를 주장했으나, 남한이 받아들이지 않아서 7.4남북공동성명은 남북한 독재정권을 강화시키는 데에만 악용되고 말았다.

1984년에는 남한이 홍수로 큰 수재를 겪자, 북한에서 구호물자를 보내왔다. 그 답례로 1985년에 처음으로 남북 이산가족 상봉이 이루어졌다. 1991년에는 남북이 유엔에 동시 가입했고, 한반도 비핵화선언을 했다. 1992년 2월에 공식적으로 남북고위급회담을 통해 남북기본합의서를 채택했는데, 남북관계를 특수한 상황에 놓인 1민족 1국가, 2체제 2정부로 규정하고 있다. 1994년 북한 김일성이 사망하면서 남북관계가 다시 얼어붙었다.

김대중 정부가 들어서면서 햇볕정책을 펴자, 한반도는 평화 분위기가 만들어졌다. 1998년 11월에는 바다를 통해서 처음으로 금강산 관광을 했다. 2000년 6월, 남한 김대중 대통령과 북한 김정일 국방위원장이 평양에서 만나 분단된 뒤 처음으로 남북정상회담이 이루어졌고, 남북이 평화와 번영으로 나아가자는 6.15남북공동선언을 했다. 육로로 가는 금강산과 개성 관광이 시작되었고, 경의선이 복구되어 다시 이어졌다. 남북합작으로 개성공단도 들어섰다.

2007년 10월, 노무현 정부 때도 남북정상회담을 열어서 10.4정상선언을 했다. 이 선언에서 두 정상은 남북이 정전체제를 평화체제로 바꾸는 것에 합의했다.

비무장지대(DMZ)

정전 협정이 맺어진지도 60년이 넘었다. 하지만 남과 북은 전쟁도 평화도 아닌 상태에서 여전히 대립과 갈등을 겪고 있다.

비무장지대(DMZ:Demilitarized Zone)는 정전 협정에서 합의된 지역으로 군사분계선으로부터 각각 2킬로미터씩 물러나서 서로 공격하지 않도록 하기 위해 만들었다. 이곳은 경계가 삼엄하고, 민간인들이 직접 들어살 수는 없지만, 각 지역에 있는 통일전망대와 민간인 통제 구역을 허가받아 들어가면 북한 땅을 볼 수 있다.

1970년부터 1990년대까지 100개가 넘는 민통선 마을이 있었고, 민통선 아래인 접경 지역에는 인천 강화에서 강원도 고성까지 60만 명이 넘는 사람들이 농사를 짓거나 살고 있다.

DMZ 답사 지역

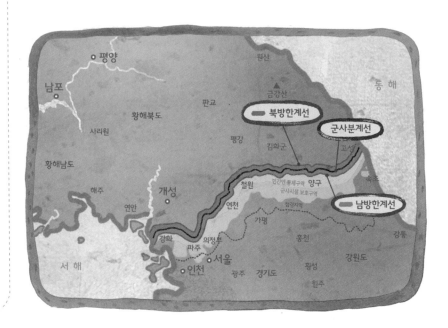

비무장지대는 아직도 남아 있는 지뢰밭과 생태계가 살아 있다는 두 가지 의미를 함께 가지고 있다.

경기도 파주 임진각

임진각은 서울과 가장 가까운 곳으로, 분단과 통일을 주제로 한 안보 관광지이다. 3층 전망대인 임진각을 포함해 이산가족들 아픔을 달래주는 망배단, 한국전쟁 때 물자를 실어 나르던 경의선 화물열차, 평화의 종, 포로들이 직접 걸어서 넘어왔던 자유의 다리, 조형예술품

위치 경기도 파주시 문산읍 임진각로 148-39

파주 임진각

● 자유의 다리
●● 경의선 장단 열차

늘이 설치되어 있는 평화누리공원이 있다.

임진각 매표소에서 표를 끊어 버스를 타고 민간인 통제구역을 들어갈 수가 있는데, 반드시 신분증이 필요하다.

민간인 통제구역을 관람할 수 있는 장소는 경의선 남측 최북단역인 도라산역과 날씨가 맑을 때면 개성공단과 김일성 동상까지 보인다는 도라산 전망대, 그리고 1978년에 발견된 제3땅굴이다. 레일을 타고 땅굴 속을 들어가면 한여름인데도 추위를 느낄 만큼 차갑다. 지하수 물이 북쪽으로 흐를 수 있게 땅굴을 파서 남쪽에서 눈치를 채

● 도라산역
●● 제3땅굴 입구

도라산 통일전망대

지 못하게 했다고 한다.

　파주 임진각은 남한에 있는 여느 공원과 마찬가지로 평화로워 보인다. 이곳에서 임진강을 건너가면 판문점이 있는데, 노무현 대통령이 평양으로 정상회담을 하러 갈 때 걸어서 군사분계선을 넘어간 곳이다.

　서울역에서 임진강역까지 가는 경의선 전철을 이용하면 약 1시간 20분 정도 걸리고, 자동차로 가면 1시간 정도 걸린다.

 생각거리 평화누리공원에 있는 조형물들이 어떤 의미가 있는지 생각해 보자.

이곳도 보고 오세요

평화누리공원

평화누리공원은 2005년 세계평화축전을 계기로 조성된 3만 평이나 되는 넓은 공원이다. 2만5천 명을 수용할 수 있는 공연장과 3천여 개나 되는 바람개비가 있는 바람의 언덕 그리고 수상 카페 등 편의시설이 있고, 푸른 잔디가 깔려 있다.

바람개비 언덕

기도

강원도 철원 소이산 전망대

위치 강원도 철원군 철원읍 사요리 산 1번지

철원 평야는 생태, 역사, 문화 가치가 높은 곳이다. 60년 동안 개발과 출입을 막은 비무장지대(DMZ)가 있기 때문에 원래 자연 상태로 돌아가는 생태 복원력이 좋은 곳이다. 평강고원은 지대가 높아서 벼농사를 지을 수 없지만, 철원 평야는 벼농사 짓기 좋은 논으로 되어 있다.

그리고 궁예가 세운 태봉국 도성이 DMZ 안에 있다. 궁예는 호족들 힘이 거셌던 송악에서 철원으로 천도해서 미륵사상으로 정치를 펼치려 했으나, 권력을 왕건에게 빼앗겼다. 그 태봉국 도성이 지금은 비무장지대 안에 있다.

화산 폭발로 생긴 기름진 땅인 철원 평야에서 나는 쌀은 '오대쌀'이라는 이름으로 팔리고 있는데, 밥맛이 아주 좋다.

노동당사 맞은편에 있는 소이산은 해발 고도가 362.3미터인 낮은 산으로 철원 평야와 비무장지대를 가장 잘 볼 수 있는 곳이다. 낙타

● 소이산 전망대에서 본 철원 평야
●● 소이산 전망대
●●● 금강산 가는 길

봉, 백마고지, 김일성 고지, 북한 평강고원, 금강산 가는 길이 한눈에 보인다. 고려 때부터 봉수대가 설치되어 함경도 경흥과 서울을 연결하던 경흥선 봉수로에 속해 있었다. 소이산 전망대에서 북쪽에 보이는 초록 숲은 대부분 지뢰밭이다.

 # 강원도 양구

위치 강원도 양구군 해안면
후리 621

펀치볼은 휴전선과 가까이 있는, 우리나라에서 가장 넓은 분지인데, 한국전쟁 때 유엔군들이 펀치볼(화채 그릇)처럼 생겼다고 해서 붙인 이름이다. '해안'이라는 지명은 그 지역에 뱀이 많아 돼지를 키워 뱀을 잡아먹게 해서 피해가 사라졌다고 하여 돼지 해(亥)와 평안할 안(安)을 따서 '해안'이라고 부르게 되었다. 해발 1천 미터가 넘는 고지들이 빙 둘러싸고 있어서 한국전쟁 때 치열한 싸움이 벌어졌던 곳이다. 근처에는 제4땅굴, 을지 전망대, 통일관, 전쟁기념관등이 있

● 양구 통일관
●● 전쟁기념관

고 산림청에서 '전국숲길연계 조성사업'을 처음 벌이면서 만든 '펀치볼 둘레길'이 있다.

펀치볼 둘레길은 총 62킬로미터로 4개 구간으로 되어 있는데, 평화의 숲길 14킬로미터(4시간 40분 소요), 오유밭길 14.6킬로미터(5시간 30분 소요), 만대벌판길 17.2킬로미터(6시간 40분 소요), 먼맷잿길 16.2킬로미터(6시간 20분 소요)이다. 민간인 통제 지역 안에 있으므로 반드시 안내자와 같이 가야 한다. 이 둘레길에는 개암, 머루, 다래, 오미자, 며느리밥풀꽃, 자작나무 같은 식물들이 자라고 있다. 길이 아닌 곳은 모두 지뢰밭이기 때문에 길을 벗어나면 안 된다. 1968년 1월 북한에서 김신조가 이끄는 30명이 이곳을 통해서 서울로 간 사건 때문에 비행기로 많은 지뢰를 뿌렸다고 한다.

을지 전망대에서 본 펀치볼

을지 전망대에서는 펀치볼을 한눈에 내려다 볼 수 있는데, 양구 통일관에서 신분증을 보여주고 등록을 해야 갈 수 있다.

 ## 김대중 도서관

위치 서울시 마포구 신촌로
4길 5-26

2003년에 건립되었는데, 제15대 대통령이었고, 노벨평화상을 수상한 김대중 전 대통령이 이 도서관 건물과 자료 1만 6000여 건, 책 1만여 권, 그리고 노벨평화상 상금을 연세대학교에 기증해서 세운 것이다. 노벨상 수상 관련 자료, 연구 자료, 국내외 민주화와 평화통일에 대한 연구 자료, 6.15남북공동선언 관련 자료 등이 전시되어 있다. 명칭은 도서관이지만, 일반 책을 대여하는 도서관이 아니므로 자료를 부분 복사하는 것은 가능하나 대출은 안 된다.

김대중 도서관

일반적으로 대통령 도서관은 단순히 업적을 기념하는 사업만 하는 것이 아니라 대통령 임기 기간

이 끝나면 정치활동에 대한 경험과 연구 활동을 하면서 사회에 봉사하는 일을 한다. 정치활동 지역이나 출신 대학, 연고지 등에 설립한다.

더 깊이 알기

1. 1953년 7월 27일 맺어진 협정은 전쟁을 완전히 종결하는 협정이었다. 맞으면 O, 틀리면 X를 하세요.

2. 조약이나 협정에 의해 군사 시설이나 무장을 하지 않기로 정하는 지역을 무엇이라고 하나요?

3. 7.4남북공동성명에서 만들어진 통일 3대 원칙은 무엇인가요?

4. 1984년에 남한이 홍수로 큰 수재를 겪자, 북한에서 구호물자 보내준 것에 대한 답례로 최초로 남북 사이에서 이루어진 일은 무엇인가요?

5. 1991년에 남북이 유엔에 동시 가입 후, 핵전쟁 위험을 없애고 남북간, 아시아
   평화에 기여한다는 취지로 약속한 일은 무엇인가요?

   _____

   _____

6. '매서운 바람보다 따뜻한 햇볕은 나그네가 입고 있는 외투를 벗긴다' 라는 이솝
   우화내용에서 착안한 것으로 김대중 정부가 시행한 대북정책은 무엇인가요?

   _____

   _____

7. 2007년 제2차 정상회담에서 노무현 대통령과 김정일 국방위원장은 남북이 전
   쟁을 종식하고 평화체제로 전환하기 위한 방안에 합의했습니다. 이 선언을 무
   엇이라고 하나요?

   _____

   _____

1. 남한과 북한이 7.4남북공동성명을 발표한 까닭은 무엇일까요?

2. 남북한이 동시에 유엔에 가입하자 세계 사람들은 우리나라를 어떻게 생각하게 되었을까요?

3. 6.15공동선언을 한 뒤에 남북한 사람들 생각이 어떻게 바뀌었을까요?

4. 이번 답사에서 가장 기억에 남는 것은 무엇인지 설명한 다음, 그 까닭을 써 보세요.

가장 기억에 남는 것

설명한 까닭

해답지 & 예시 답안

33단원 서양과 벌인 전쟁

더 깊이 알기

1 미국 2 병인박해, 프랑스, 강화도, 병인양요 3 광성보
4 외규장각 5 척화비 6 강화도 7 통상수교 거부정책

생각해 보기 _ 예시 답안

1 바다에서 한양으로 들어오려면 강화도를 거쳐야만 한강으로 올 수 있었기 때문이라고 생각한다.
2 서양인에 대한 반감이 더욱 커지고, 흥선대원군은 통상수교 거부정책을 더 강화해야 한다고 했을 것이라고 생각한다.
3 서양 침략을 일깨우고, 서양과 교류하지 않겠다는 강한 의지를 보이기 위해서 척화비를 세운 것이라고 생각한다.
4 자유롭게 그리고 써 보세요.

34단원 서양 문물이 들어오다

더 깊이 알기

1 강화도조약 2 서울과 인천(경인선) 3 아관파천 4 해운업
5 한성전기회사 6 전화기 7 화륜거 8 논마지기 전차

생각해 보기 _ 예시 답안

1 식량과 자원 약탈과 경제적 침탈을 쉽게 할 수 있고 막대한 경제적 이익을 가져다 주었기 때문이라고 생각한다.
2 기차 요금이 비쌌고 일본 자본으로 만들어졌기 때문이라고 생각한다.
3 긍정적인 면 – 생활이 편리해졌다. 다양한 문화를 접할 수 있었을 것이라고 생각한다.
부정적인 면 – 전통이 파괴되고, 외국의 영향력이 더욱 커졌을 것이라고 생각한다.
4 자유롭게 그리고 써 보세요.

35단원 동학농민운동과 갑오개혁

더 깊이 알기

1 최제우 2 인내천 3 조병갑 4 황토현 전투 5 텐진조약
6 전주화약 7 우금치 전투 8 신분제 폐지, 과거제 폐지, 과부 재가 허용 등

생각해 보기 _ 예시 답안

1 청나라가 조선을 마음대로 하면 일본이 조선에서 힘을 쓸 수 없기 때문에 청과 일본 사이에서 텐진조약을 맺은 것이고 그 조약에 따라 군대를 보낸 것이라고 생각한다.
2 현상금을 노리고 전봉준을 배신한 것이라고 생각한다.
3 자유롭게 그리고 써 보세요.

36단원 근대화와 대한제국 성립

더 깊이 알기

1 을미사변 2 아관파천 3 독립신문 4 만민공동회 5 관민공동회 6 대한제국이 자주독립국가임을 국내외 선포하고, 황제 권위를 부여하기 위해서 7 중국

생각해 보기 _ 예시 답안

1 국모를 시해한 을미사변과 단발령에 따른 일본에 대한 반발이 심해졌기 때문이라고 생각한다.
2 중국과 사대 관계를 끊고 황제국으로서 자주국가임을 내세우기 위해서라고 생각한다.
3 갑신정변 실패가 민중들에게 지지를 얻지 못한 개혁이었기 때문에 개화에 대해 이해가 부족한 민중을 계몽하고 개화사상을 널리 보급하기 위해서라고 생각한다.
4 자유롭게 그리고 써 보세요.

37단원 애국계몽운동

더 깊이 알기

1 교육을 통해 인재를 양성하고, 경제를 발전시켜 나라 힘을 키우며, 언론활동, 국사와 국어 연구 등을 통해 민중을 계몽해 근대화와 독립을 이루자는 국민운동 2 자주독립을 할 수 있는 힘을 키우려고 했다. 3 1911년에 일어난 105인 사건으로 일제에게 탄압을 받아서 무너졌다. 4 국채보상운동 5 실력양성운동으로 변했다. 6 국산품애용운동인 물산장려운동과 민립대학운동 7 형평운동

생각해 보기 _ 예시 답안

1 사람들을 깨우쳐 독립을 스스로 이루는 힘을 키우고 경제를 발전시켜서 외국에 기대지 않게 하기 위해서라고 생각한다.
2 3.1만세운동이 실패했고, 일제가 강압통치에서 문화통치로 다스리는 방법을 바꾸었기 때문이라고 생각한다.
3 스스로 힘을 하나로 모으지 못했고, 일제가 방해했기 때문이라고 생각한다.
4 자유롭게 그리고 써 보세요.

38단원 국내 독립운동

더 깊이 알기

1 1919년 1월 21일 2 보성사 3 화성 제암리 4 아우내 독립만세운동 5 서대문형무소 6 암태도 소작쟁의 7 원산 노동총파업

생각해 보기 _ 예시 답안

1 일본이 강제로 합병을 했을지라도 백성들은 임금님이 계시기 때문에 나라를 빼앗겼다는 인식이 크지 않았다. 그러나 고종황제가 승하하자 '정말로 나라를 빼앗겼구나'라는

사실을 인식하고서 만세운동을 벌인 것이라고 생각한다.
2 자신들이 무력으로 비무장을 한 우리 백성들을 죽였다는 게 세상에 알려지면 국제적으로 망신을 당할 것이라고 여겼기 때문이라고 생각한다.
3 3.1운동이 고종황제의 인산일에 일어난 것이기 때문에 그 정신을 잇는다는 의미로 택했을 것이라고 생각한다.
4 독립운동가 업적과 뜻을 담아서 자유롭게 써 보세요.

39단원 일제에 맞선 무장 투쟁

더 깊이 알기

1 의병 2 군인들이 의병에 참여해서 3 13도 창의군 4 안중근 5 김원봉 6 이봉창 7 윤봉길

생각해 보기 _ 예시 답안

1 무기와 보급이 부족하고 많은 뛰어난 무기를 들고 잘 훈련된 일본군이 토벌에 나섰기 때문이라고 생각한다.
2 독립군 간부를 양성하여 나라를 되찾으려고 했기 때문이라고 생각한다.
3 우리 힘으로 일본을 몰아내고 나라를 되찾기 위해서라고 생각한다.
4 자유롭게 그리고 써 보세요.

40단원 저항으로 맞선 시인들

더 깊이 알기

1 한용운, 윤동주, 이육사 2 백담사 3 님의 침묵, 복종 4 수감번호 5 광야, 청포도, 절정 6 의열단 7 북간도 8 서시, 별 헤는 밤, 참회록 9 하늘과 바람과 별과 시

생각해 보기 _ 예시 답안

1 나라를 찾는 것이 잘못이 아니므로 변호사를 받을 필요가 없고, 잘 먹으라고 독립운동을 한 것이 아니므로 사식을 먹지 말고, 몸이 아프다는 핑계로 돈을 내고 옥살이를

하지 않는 것도 비겁하다고 여겼기 때문이라고 생각한다.
2 내가 내 민족을 위해 독립운동을 하는 것은 당연한 일이
므로 시도 쓰고 의열단 활동도 했을 것이라고 생각한다.
3 나라를 잃은 슬픔과 더불어 나라를 위해 아무것도 할 수
없는 현실을 비판한 것이라고 생각한다.
4 자유롭게 그리고 써 보세요.

41단원 해방과 좌우대립

더 깊이 알기

1 미국, 소련 2 조선건국준비위원회 3 모스크바 3국 외상
회의 4 제주 4.3항쟁 5 제주 4.3항쟁 진상규명 및 희생자
명예회복위원회 6 여순사건 7 반공 정책

생각해 보기 _ 예시 답안

1 우리 민족이 자주적으로 이뤄 낸 해방이 아니라 연합군
과 전쟁에서 일본이 패배하면서 얻어진 해방이기 때문이
라고 생각한다.
2 토벌대가 무장대 소탕을 명목으로 중간산 일대 마을을
과잉진압했기 때문이라고 생각한다.
3 독재정권을 거쳐 오면서 철저한 반공 정책으로 사실이
은폐되고 외면되어 왔기 때문이라고 생각한다.
4 억울하게 희생된 사람을 위로하는 마음을 담아서 자유
롭게 비문을 써 보세요.

42단원 대한민국 정부 수립

더 깊이 알기

1 1945년 2 여운형 3 이승만 4 이승만, 이시영 5 김구,
김규식 6 새롭게 독립한 나라가 스스로 나라를 세울 힘이
갖추어질 때까지 다른 나라가 대신 다스려주는 것 7 모스
크바 3상회의

생각해 보기 _ 예시 답안

1 우리나라를 차지해서 상대방 세력을 막아내고 자기 세력
을 넓히기 위해서라고 생각한다.
2 미국에 유리한 나라를 세워서 자기들 마음대로 하려고
했기 때문이라고 생각한다.
3 자유롭게 그리고 써 보세요.

43단원 부모 형제를 적으로 만든 한국전쟁

더 깊이 알기

1 1950년 6월 25일 2 북한군 탱크를 막아낼 무기도 없었
고, 농번기라 군인들이 일손 돕기 휴가를 가서 병력도 반
으로 줄어 있는 상태였다. 3 유엔군 4 낙동강 5 중국군
6 유엔안전보장이사회 7 1953년 7월 27일

생각해 보기 _ 예시 답안

1 남한이 공산화되는 것을 막기 위해서라고 생각한다.
2 조금이라도 땅을 더 빼앗기 위해서라고 생각한다.
3 남과 북은 원래 한 나라였기 때문에 서로를 믿고 서로를
돕기 위해 노력하면 전쟁을 멈추고 평화로워지는 것은 아
주 쉬운 일이므로 남북 정상이 만나서 자주 회담을 해야
한다고 생각한다.
4 자유롭게 그리고 써 보세요.

44단원 남에서도 북에서도 버림받은 빨치산

더 깊이 알기

1 빨치산 2 여순사건 3 소개 작전 4 후퇴하지 못한 인민
군, 유격대 가족, 피난민, 학생, 교원, 노동자, 농민, 의사, 군
인 등 5 정치경제학, 철학, 항일무장투쟁사, 한글 6 통비
분자

1 농민들은 소개 작전으로 집을 떠날 수밖에 없었으며 보급품을 공급한 마을 주민들은 통비분자로 몰려 희생되었다고 생각한다.

2 먹을 것과 입을 것이 모자라 헐벗고 굶주렸을 것이라 생각한다.

3 한국전쟁 이후 정권이 내세운 철저한 반공 정책으로 빨치산의 존재를 언급하는 것조차 허락되지 않았기 때문이라고 생각한다.

4 편지지에 자유롭게 써 보세요.

45단원 민주주의를 향한 몸부림 4.19혁명

더 깊이 알기

1 이승만 2 조병옥 3 이기붕 4 3.15부정선거 5 김주열 6 4.19혁명

생각해 보기 _ 예시 답안

1 대통령 자리에 있으면 임금님처럼 권력을 휘두르고, 사람들을 내 마음대로 부릴 수 있기 때문이라고 생각한다.

2 6.25전쟁을 치르고 난 뒤, 사람들은 먹고 사는 일에 매달렸다. 그러다보니 민주주의나 정의에 대해 배울 기회가 없었다. 하지만 학생들은 학교에서 민주주의와 정의를 위하는 것을 알려주는 교육을 받았기 때문에 불의를 보고 참지 못하고 앞장을 섰을 것이라고 생각한다.

3 가족들 중 한 사람이라도 없어지면 모두 힘들어 한다. 멀쩡하게 학교에 갔다가 행방불명 되었다가 얼굴에 최루탄 탄환이 박힌 채 죽어서 나타났다면 더욱 더 힘들어 했을 것이다. 아니 하늘이 무너지는 것 같은 아픔을 느꼈을 것이라 생각한다.

4 편지지에 자유롭게 써 보세요.

46단원 산업화와 노동 착취

더 깊이 알기

1 한국전쟁 2 원조 경제 3 광부와 간호사 4 한일협정 5 월남전 6 정경유착 7 "우리는 기계가 아니다. 근로기준법을 준수하라"

생각해 보기 _ 예시 답안

1 우리 자원을 수탈하고 대륙으로 쳐들어가기 위한 길을 만든 것이라고 생각한다.

2 경제발전으로 얻은 이익을 국민들이 공정하게 나누지 못하기 때문이라고 생각한다.

3 그 동안에는 신문에도 나지 않았고 잘 알지도 못하는 일이었지만 전태일이 죽자 널리 알려지게 되었기 때문이라고 생각한다.

4 마음을 담아서 자유롭게 써 보세요.

47단원 5.18광주민주화운동과 6월 항쟁

더 깊이 알기

1 부산과 마산에서 박정희 유신정권에 반대해서 2 김재규가 박정희를 살해한 사건 3 전두환, 노태우를 비롯한 신군부 군인들 4 총(무력으로) 5 전두환 6 박종철 7 4, 13 특별선언 8 6월 항쟁 9 6, 29선언

생각해 보기 _ 예시 답안

1 국민들을 공포에 몰아 넣어 반대 세력이 더 이상 나오지 않게 하려고 했기 때문이라고 생각한다.

2 맨손으로 있는 학생들에게 총을 쏘고, 때렸기 때문이라고 생각한다.

3 무력으로 진압하면 부마항쟁이나 광주민주화운동처럼 큰 희생이 있을까봐 두려웠기 때문이라고 생각한다.

4 자유롭게 그리고 써 보세요.

 48단원 6,15남북공동선언

더 깊이 알기

1 X 전쟁을 일시적으로 쉬는 휴전 협정이었다. 2 비무
장지대(DMZ) 3 자주, 평화, 민족대단결 4 이산가족상
봉 5 한반도 비핵화 선언 6 햇볕정책 7 10.4정상선언

생각해 보기 _ 예시 답안

1 국제적으로 평화 분위기가 흐르면서 냉전 체제에서
남북대결이라는 기존에 써먹던 정권유지 명분이 사라지
게 되자, 평화통일을 빙자해 새로운 위기의식을 만들어
각각 독재체제를 구축하기 위해서라고 생각한다.
2 서로 다른 현실을 인정하면서 화해와 공존을 위한 평
화를 기대하는 동시에 영구히 분단국가로 남게 될 것이
라는 우려감도 들었을 것이라고 생각한다.
3 전쟁이 일어나지 않을 거라는 안도감이 들었을 것이라
고 생각한다.
4 자유롭게 써 보세요.